Jonathan Lehmann

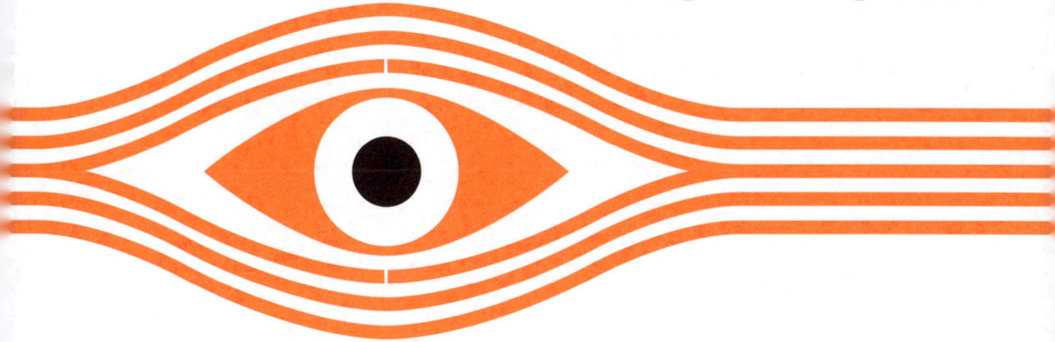

Journal intime d'un voyageur chamanique

HarperCollins

Du même auteur

Journal intime d'un touriste du bonheur,
Éditions de La Martinière, 2018 ; Points, 2019.

Les Antisèches du Bonheur, HarperCollins, 2020 ;
HarperCollins Poche, 2022.

Conception graphique : Caroline Gioux.
Réalisation graphique : Sébastienne Ocampo.

HARPERCOLLINS FRANCE
83-85, boulevard Vincent-Auriol,
75646 PARIS CEDEX 13
Tél. : 01 42 16 63 63

www.harpercollins.fr
ISBN : 979-10-339-1217-0

À Jeanne,
mon âme sœur, mon égérie,
parfois ma meilleure ennemie.

Tout est vrai.
En tout cas, c'est ma vérité.
Seuls certains noms ont été changés.

« Ce n'est pas en fantasmant la lumière que l'on s'éveille,
mais en prenant conscience de l'obscurité.
Mais ce travail est désagréable et donc impopulaire. »

Carl Gustav Jung

EN GUISE D'INTRO

On peut se tutoyer ?

Peut-être que tu n'aimes pas ce genre de familiarités. Mais bon, si c'est ton cas, je pense qu'avec ce que je vais te raconter, quand tu auras fini de me lire, le fait que je t'aie dit « tu » plutôt que « vous » sera la cadette de tes objections.

Parce que je vais te parler de trucs dont je n'ai jamais osé parler auparavant. Des trucs qui pourraient te faire lever les yeux au ciel.

Si on ne se connaît pas encore toi et moi, permets-moi de me présenter : je m'appelle Jonathan, j'étudie le bonheur à plein temps, et ma passion est de partager des habitudes et des principes qui permettent de vivre une vie plus heureuse. C'est ce que j'ai eu à cœur de faire dans mes deux précédents livres, dans mon application de méditation et dans les contenus que je partage sur les réseaux, avec la communauté des Antisèches du Bonheur.

Jusqu'ici, il m'importait de limiter cette étude du bonheur à des idées démontrables scientifiquement, ou du moins rationnellement justifiables. Parce que je viens d'un milieu cartésien et que mon objectif premier était de convaincre des personnes comme moi, pour qui seul un discours logique était acceptable, que l'on pouvait vivre sa vie et voir le monde d'une autre façon. Avec plus de conscience et plus de joie.

Dans les pages qui suivent, il y aura beaucoup de ça. Il y aura surtout de ça, même. Mais il va y avoir d'autres trucs. Des trucs que tu pourrais trouver « perchés ». Pardon, je ne devrais pas utiliser le conditionnel : des trucs que tu trouveras certainement perchés.

Et puis je vais employer des gros mots. Des gros mots qui font peur à certains. Comme « intelligence supérieure », « divin », ou encore « magie ». Parfois, je te dirai même qu'une plante me parle – ou plus précisément qu'une mixture de plantes fait se révéler à ma conscience un esprit qui me parle… Mais j'ai pas envie de t'embrouiller tout de suite avec ce genre de détails : disons juste que plusieurs passages de ce livre feront dire à certains que j'ai pété un câble.

Ayant conscience de tout ça, je te demande simplement de m'accorder le bénéfice du doute. D'essayer de suspendre ton jugement. Parce que, en mettant de côté les choses qui te semblent invraisemblables ou farfelues, je suis sûr que tu trouveras dans les pages de ce livre des informations et des anecdotes qui pourront apporter de nouveaux éclairages sur des questions que tu te poses.

Ce dont je veux te parler ici, c'est de la semaine la plus folle que j'ai vécue de ma vie. C'était en août 2020, dans la campagne au nord de Berlin. Quatre soirs consécutifs, j'ai bu un breuvage provenant d'Amazonie : l'ayahuasca. Une boisson qui, là-bas, est considérée comme sacrée. Et qui donne des visions.

Je veux te parler de cette semaine car… Jésus me l'a demandé. Nan, je déconne. Je veux t'en parler car elle est le point culminant d'années passées à travailler sur moi et qu'elle a marqué une transition majeure dans ma vie sur des thèmes qui nous tiennent, je parie, autant à cœur à toi qu'à moi : le couple, le sexe, les addictions, la peur de la maladie, de la mort… et plus généralement la question de l'évolution personnelle et du bonheur. Mais je vais aussi évoquer des thèmes qui, s'ils ne sont pas en haut de ta liste de priorités actuellement, pourraient bouleverser ta vie comme ils ont bouleversé la mienne. Je veux parler de la voie méditative, de la psychothérapie et du travail de guérison spirituelle par les plantes enseignantes. Et puis du divin, aussi.

Si je m'apprête à te raconter ces vacances un peu spéciales, prises à l'époque où le mot « déconfinement » venait d'être inventé, ce n'est pas seulement parce que j'adore parler de moi, hein. Mais parce que je ressens fort, comme toi peut-être, que notre monde traverse une crise sans précédent. Que notre espèce n'a d'autre choix que d'évoluer ou de disparaître. Que cette évolution passe par un travail que l'on peut chacun faire sur nous-mêmes, pour devenir plus conscients et plus heureux, et pour contribuer aussi au bonheur de ceux qui nous entourent. Et que les enseignements que j'ai eu la chance de recevoir pendant cette semaine de dingue peuvent, j'en suis persuadé, t'apporter de la force et de la lumière sur ton propre chemin d'évolution.

Sans parler du fait que j'espère te faire passer un bon moment. Et te faire un peu marrer.

Mon intention n'est pas de te convaincre. Je veux seulement t'apporter mon témoignage sur une expérience hors du commun. Il est possible qu'il te rende dubitatif, te froisse ou t'exaspère. Mais je crois que c'est normal et que ce n'est pas grave.

Il y a autre chose qui pourrait te surprendre dans ce livre, c'est que je me vais me mettre à nu, et parler d'aspects de ma personnalité dont je ne suis pas fier. Mon but n'est pas de m'exhiber. Mais de montrer un exemple concret, une manière d'avancer réellement dans le travail d'éveil de la conscience : le travail de l'ombre.

L'ombre, ce sont tous ces aspects de notre personnalité que l'on s'efforce de dissimuler au monde et surtout à soi-même, mais qu'on a tant d'aisance à voir chez les autres : l'égoïsme, le narcissisme, la jalousie, la colère, la peur… Ces tendances qui existent en chacun de nous et qu'on a appris en grandissant à cacher derrière différents masques pour ne pas être rejetés. À cacher si bien, d'ailleurs, qu'on n'a souvent plus aucune conscience de leur présence.

Notre ombre exerce sur notre vie une emprise qui nous empêche d'évoluer, car elle nous sabote sans que nous voyions ce qui se trame. Pour atténuer cette influence invisible, nous n'avons d'autre choix que d'éclairer ces aspects sombres. C'est-à-dire d'arrêter de nous mentir à nous-mêmes. Cette posture est souvent inconfortable car elle nous met face à des vérités peu reluisantes. Mais elle est salutaire dans la mesure où seul ce qui est observé peut être compris, pour être ensuite atténué, voire transformé.

Il existe différentes manières d'effectuer ce travail. Les deux que je connais, personnellement, et que je pratique depuis plusieurs années, sont l'approche psychothérapeutique et l'approche chamanique. Elles ont changé ma vie en me montrant le chemin vers une meilleure compréhension, et donc une meilleure acceptation, de moi-même et des autres.

La plupart des personnes qui se présentent comme des enseignants spirituels ou des sages restent bien discrètes sur leur ombre. Elles laissent, dès lors, planer le doute sur la réalité de leur propre chemin d'évolution, projetant parfois l'image d'un éveil définitif. Cette image est souvent un mensonge, comme en attestent les innombrables scandales, notamment liés au sexe ou à l'argent, qui viennent régulièrement ternir la réputation de tel ou tel maître. Et dans les rares cas où l'image s'avérerait proche de la réalité, elle crée un fossé entre l'enseignant et l'étudiant : le disciple ne peut s'identifier au maître car la distance entre eux semble trop grande.

Je suis, pour ma part, loin d'avoir atteint un quelconque éveil, et mon ombre est bel et bien là. J'ai connu dans ma vie d'importantes phases dépressives, et j'ai survécu longtemps à mon mal-être en anesthésiant ma douleur avec toutes sortes d'intoxicants. Mais aujourd'hui, après avoir plongé dans mon obscurité personnelle, je suis paradoxalement moins contrôlé par mon ombre. J'ai plus accès à la lumière. Et je n'ai jamais été aussi épanoui.

C'est pourquoi j'ai à cœur, dans ce livre, de dévoiler certains aspects de mon ombre. Au risque d'être jugé et d'écorner mon image. Parce que je sais d'expérience que la prise de ce risque est nécessaire pour dépasser la peur de la honte, pour apprendre à mieux s'aimer soi-même, et pour vivre plus heureux. Mon objectif est que ce récit puisse t'inciter, à ton tour, à t'interroger sur cette partie de toi que tu préfères ne pas regarder en face et qui ne demande qu'à être éclairée pour être transformée.

Lors de ses retraites de méditation Vipassana, l'enseignant birman S.N. Goenka aimait raconter l'histoire d'un petit garçon qui brûlait de manger le kheer préparé par sa mère – une sorte de riz au lait indien – mais que les graines de cardamome dégoûtaient parce qu'elles ressemblaient à des petites pierres. La mère enlevait donc les graines, qui pour bien d'autres sont la meilleure partie du plat. Après quoi, le petit pouvait manger tranquillement.

Goenka évoquait cette histoire pour inviter ses étudiants à ne pas repousser ses enseignements dans leur globalité sous prétexte que certaines parties semblaient plus difficiles à avaler que d'autres. Enfant ou adulte, on a le droit de ne pas aimer la cardamome. Si tu en trouves dans les pages qui suivent et que tu n'aimes pas ça, je te propose simplement d'écarter ces graines sans te priver du reste du plat, qui te régalera je l'espère.

OK pour toi ?

JOUR 1

Un jour en colonie

Wonder Woman

Elle voulait que je la frappe. Elle ne me l'avait pas dit exactement comme ça, pourtant c'était vite devenu assez clair. Moi, je n'avais pas trop su comment gérer le truc. « Tu veux que je te mette des fessées ? » Elle m'avait regardé droit dans les yeux et m'avait répondu avec une pointe de mépris : « Bah oui. » Puis elle avait ajouté, avec l'air exaspéré d'un adulte qui perd patience en présence d'un enfant : « Mais bon… ça, c'est la base. »

Je me refais le film de la rencontre avec Caroline alors que je m'apprête à prendre l'avion pour Berlin. Je pars pour une retraite chamanique – une semaine de « travail sur moi » – dans la campagne allemande, non loin de la frontière avec la Pologne. Une semaine où je vais boire, à plusieurs reprises, ce breuvage sacré d'Amazonie appelé « ayahuasca ».

Ma valise est énorme. Elle contient à peu près autant de choses que le sac à main de Mary Poppins : mon sac de couchage, une couverture en cachemire achetée lors d'un de mes périples méditatifs en Inde, les habits blancs que je porte en cérémonie, mon coussin de méditation rembourré pour protéger mes fesses peu charnues, des barres de céréales, des chaussons... Bref, le kit parfait pour *pimper* l'expérience de semi-camping que je suis sur le point de vivre dans ma colo chamanique.

Mais en ce 17 août 2020, ma plus grosse valise, c'est indéniablement Caroline. En à peine soixante heures passées ensemble – on ne s'est vus, en chair et en os, que le temps d'un long week-end –, elle a piétiné mon ego comme peu de femmes auparavant.

Caroline, je l'avais rencontrée sur Instagram. Elle avait pris contact avec moi, quelques mois plus tôt, après m'avoir entendu dans un podcast.

La première fois que j'avais cliqué sur sa page, j'avais halluciné. Non seulement elle était magnifiquement belle – genre Jessica Rabbit, en vrai – mais, en plus, elle partageait ma passion enfantine pour les super-héros. Sur son compte Instagram, suivi par des centaines de milliers de personnes, il y avait des dizaines de photos d'elle en costume sexy de Wonder Woman, de Spider-Girl ou encore de Lara Croft. Un fantasme sur pattes.

Au début, nos messages étaient cordiaux. Elle cherchait, me disait-elle, des conseils pour l'écriture de son premier livre, et moi, j'étais content de partager avec elle deux ou trois idées. Mais, quelques mois après notre premier échange, la relation avait pris une nouvelle tournure. C'était le début de l'été, entre les deux premiers confinements. Autour de moi, tout le monde partait en vacances. Je rêvais de plage après des semaines d'enfermement. Quand Caroline avait posté une photo d'elle au bord de la mer, je lui avais dit que je n'avais pas vu la mer depuis longtemps, que j'en rêvais… Et elle, elle m'avait simplement répondu : « Ben viens. »

L'heure semblait venue de mettre fin à mon célibat. Quelques mois plus tôt, après une aventure qui m'avait laissé un arrière-goût amer, j'avais décidé de faire un break, étant arrivé à la seule conclusion qui m'apparaissait logique : les relations intimes, ce n'était pas mon truc. Après avoir répété trop longtemps les mêmes schémas foireux, je commençais enfin à comprendre le mécanisme qui me poussait systématiquement à tenter de combler le vide à l'intérieur de moi en me précipitant dans des relations avec des femmes. Des femmes pour lesquelles je ressentais une forte attirance, basée sur des critères superficiels de beauté et de statut social. Or je comprenais enfin que cet empressement était motivé par la peur d'être seul et qu'il avait toujours la même destination : un mur.

J'avais donc décidé de prendre une vraie, longue période de célibat, comme mes proches me l'avaient souvent suggéré sans que je ne veuille rien entendre. Une période intentionnelle, pour apprivoiser la solitude, m'en faire une amie, et apprendre à mieux me donner à moi-même cet amour dont j'avais tant besoin, et que je recherchais vainement à l'extérieur.

Et ça avait marché plutôt pas mal, franchement. Plusieurs mois de célibat heureux s'étaient enchaînés, lors desquels j'essayais encore et toujours d'assimiler cette fichue leçon sur l'amour de soi, que je comprenais théoriquement depuis des années, mais que j'avais eu, jusqu'ici, tant de mal à mettre en pratique. Puis était venu le premier confinement. Moi qui avais voulu de la solitude… j'avais été servi. Seul dans mon appartement parisien, j'avais profité de cette période pour m'occuper de moi, lire, réfléchir, créer, méditer. Et au début, c'était génial. Mais, après quelques semaines, ma solitude avait atteint la limite du supportable. Après presque deux mois sans le moindre contact physique, sans toucher la peau de qui que ce soit, j'étais comme un junkie en manque.

Alors j'avais revu Bella, la dernière femme avec qui j'avais eu une relation sérieuse. On s'était retrouvés clandestinement vers la fin du confinement, mais on avait rapidement compris, tous les deux, qu'il valait mieux ne pas insister : on s'était fait du mal auparavant et rien n'indiquait que ça ne finirait pas de la même manière. Après notre ultime conversation téléphonique, où, dans le calme, le respect et la douceur – ce qui, pour une rupture, ne nous ressemblait pas –, on avait décidé qu'il était plus raisonnable de mettre le holà. J'avais pris de mon côté une grande décision : désormais, j'allais faire n'importe quoi. Finie, la diète romantique, fini, l'ermitage ! On était enfin déconfinés, et moi, j'avais bien appris ma leçon. Maintenant j'avais envie de passer du temps avec des femmes, bordel !

Alors je m'étais inscrit sur Tinder, AdopteUnMec, OkCupid. Pas en dilettante, hein : j'y avais mis du temps, afin de créer mon meilleur profil, avec mes meilleures photos, et une accroche marrante à laquelle j'avais longuement réfléchi. Je m'étais éclaté à faire ça et, pendant quelques jours, j'avais écumé obsessionnellement les applis et sites de rencontre. Hélas, rien n'en était ressorti, sinon un vague sentiment de déprime. C'était le début de l'été, et alors que je m'apprêtais à constater l'échec de ma tentative de n'importe quoi, Caroline m'avait suggéré de la rejoindre sur la Côte d'Azur.

Je n'avais pas hésité longtemps : j'étais prêt pour ma grosse connerie. Oh, comme j'étais prêt…

Recherche engrenagée désespérément

Le pire c'est que, à ce moment-là, une partie de moi savait déjà que j'étais en train de foncer, tête baissée, dans une histoire dont rien de bon n'allait ressortir. Tandis qu'une autre, bien plus puissante, me persuadait du contraire : ce week-end était une *excellente* idée. Avec Caroline, une rencontre *majeure* allait avoir lieu. D'ailleurs, j'avais plein d'indices : elle pratiquait le yoga et le reiki, elle lisait des livres spirituels… Bref, comme moi, elle avait l'air d'une bonne engrenagée.

Oui, pardon, lectrice chérie, lecteur chéri, je vais employer ce terme, « engrenage », et sa déclinaison, « engrenagé », fréquemment dans les pages qui suivent. Il faut donc que je t'explique ce que j'entends par là. Ah, et puisqu'on se met d'accord sur certaines précisions de langage, afin de ne pas répéter à chaque fois « lecteur » et « lectrice » quand je m'adresse à toi, je vais t'appeler Dominique, si tu veux bien (dans la catégorie « prénoms mixtes », ça s'est joué à rien avec Claude).

L'engrenage, donc, Dominique chéri·e, c'est le monde de la spiritualité et du développement personnel. C'est à mon pote Anthony qu'est venue cette formule il y a quelques années, à la suite de sa première cérémonie ayahuasca. Après avoir vomi ses tripes au fond d'un seau en plastique, dans une salle remplie de personnes tout de blanc vêtues, chacune ayant, auparavant, consommé cette plante qui donne des visions, il s'était efforcé de retracer l'enchaînement d'événements qui l'avait amené jusque-là. Pour conclure que tout ceci n'était qu'un engrenage : on commençait, sans trop y réfléchir, par un cours de yoga ou un bouquin de développement personnel, et, telle Alice lors de sa chute interminable dans le terrier du lapin, on n'avait aucune idée de l'endroit où ça nous mènerait.

Depuis, le terme nous est resté. Non seulement parce qu'il nous fait rire, par exemple quand on dit d'un mec que c'est un sacré engrenagé parce qu'il fait son propre kombucha, qu'il n'éjacule plus afin de faire remonter l'énergie sexuelle vers son troisième œil, ou qu'il dit « namasté » au contrôleur SNCF... Mais aussi parce qu'on s'est aperçu qu'il recouvre une réalité tangible qui ne porte pas vraiment de nom : le monde des yogis, des méditants et de ceux qui font des câlins aux arbres. De tous ces gens qui ont fait du travail sur eux-mêmes une partie essentielle de leur existence. Le monde de ceux, de plus en plus nombreux, qui ont mis le doigt dans l'engrenage. Comme moi. Et peut-être comme toi.

Caroline, donc.

De ce que je pouvais voir, à l'époque, avec ses photos de yoga sur les réseaux et ses posts sur Eckhart Tolle, elle avait l'air bien engrenagée. Et il ne m'en avait pas fallu beaucoup plus pour me bercer de l'illusion que le destin m'appelait vers elle.

Ce en quoi je n'avais pas complètement tort. Mais pas comme je l'avais imaginé.

Alors qu'on ne se connaissait ni d'Ève ni d'Adam, sur un coup de tête, j'avais décidé d'aller passer trois jours dans un appartement de location, à Cassis, à une heure de chez elle. Au début, une partie de moi s'était raconté que j'allais passer un week-end à la plage dans sa région et que ça me donnerait l'occasion de la rencontrer, peut-être, mais surtout de profiter de la mer. Sauf qu'à partir du moment où j'avais réservé l'appart, nos contacts s'étaient intensifiés. Les messages étaient devenus quotidiens. On avait commencé à s'envoyer des photos, puis à se parler par vidéo. À mesure que la date approchait, on se cachait de moins en moins qu'on avait très envie l'un de l'autre.

Juste avant mon départ, j'avais eu, pourtant, un échange avec mon psy qui m'avait expliqué que, pour créer un rapport stable avec une femme, je ne devais pas surinvestir la relation. Qu'il fallait y aller doucement. Limiter le pouvoir des projections. Sortir de ce mode « conquête » qui entraîne la possessivité, et dans lequel je m'étais si souvent enfermé.

Ça me paraissait drôlement sage, comme conseil. Et, en sortant de son cabinet, j'étais déterminé à l'appliquer.

Mais c'était sans compter les photos de Caroline en legging de Spider-Girl.

J'étais donc parti dans le Sud, à Cassis, pour un *date* de trois jours avec ma super-héroïne sexy. Et, d'ailleurs, le week-end s'était très bien passé. En tout cas, au début, c'était mon impression...

Avec Caroline, on était hyper excités de se rencontrer, de passer du temps ensemble, tout nous semblait irréel. On s'était baladés dans les calanques et sur le port de Cassis, on avait médité ensemble tous les jours, et bien sûr on avait fait l'amour. Enfin, je ne sais pas si on peut vraiment dire ça. Disons plutôt qu'il y avait eu du sexe, beaucoup de sexe, même. Mais, comme on ne se connaissait pas, je n'avais pas ressenti de véritable connexion. Et puis nos échanges verbaux m'avaient paru un peu laborieux. On était malgré tout au même rythme, on faisait des choses ensemble, on *chillait* : elle peignait, je bouquinais de mon côté... L'entente était bonne.

Quand j'étais reparti à Paris et qu'on s'était embrassés sur le quai de la gare, j'étais convaincu qu'on allait se revoir. Les jours suivants, on s'était écrit et laissé des messages audio. Pourtant, quelque chose avait changé. Il y avait une différence d'énergie dans nos échanges. Je percevais une distance nouvelle de sa part, ce qui ne l'empêchait pas, chaque fois que je devenais silencieux, de revenir à la charge avec un mot pour me raconter ce qu'elle faisait ou me demander des nouvelles. De mon côté, l'euphorie passée, je commençais à analyser le week-end sans mes lunettes roses. Et à comprendre ce qui s'y était réellement joué.

Le daltonien du drapeau rouge

Il paraît que le cocktail neurochimique relâché par notre cerveau lors d'un début d'histoire romantique est si fort qu'il nous fait ignorer certains signaux : toutes ces choses qui, en d'autres circonstances, nous apparaîtraient comme des obstacles évidents à une relation stable, sereine et respectueuse. Les Américains appellent ça les *red flags* (drapeaux rouges). Et des *red flags*, pendant mon séjour à Cassis, on peut dire qu'il y en avait eu un paquet.

En rentrant de ce week-end, je m'étais mis à repenser à pas mal de moments bizarres. Des moments auxquels je n'avais pas voulu donner d'importance sur le coup, si déterminé que j'étais à me raconter une histoire digne d'une comédie romantique hollywoodienne. Mais en me les remémorant et, surtout, en les évoquant avec mes potes – qui étaient tous très curieux de savoir comment ça s'était passé avec Wonder Woman –, j'avais pris la mesure de ma détermination inconsciente à ne rien voir de ce qui viendrait entacher mon script à l'eau de rose.

Le sexe. C'est là que ça avait sérieusement cloché. D'abord, je n'avais voulu retenir que le bon : mon attirance pour Caroline, mon excitation infinie… qui était, en fait, le début du problème.

Les deux semaines précédant notre rencontre, j'avais volontairement cessé de me masturber, afin de conserver mon énergie sexuelle. L'idée m'était venue de mon étude du sexe tantrique – à savoir de la voie méditative appliquée au sexe : ou comment rendre l'acte moins bestial et plus conscient. Plus aimant. Idée qui, en l'espèce, s'était révélée un sacré contresens : en retrouvant Caroline pour notre week-end, je n'étais pas excité, j'étais au bord de l'explosion.

La première fois qu'on avait couché ensemble, dès les premières minutes, j'étais déjà en train de contracter tous les muscles de mon corps pour ne pas jouir. Et, malgré tous mes efforts, je n'avais pas duré très longtemps. Les fois d'après, j'avais commencé à me maîtriser un peu mieux, mais elle semblait sacrément dure à satisfaire.

Pour compliquer les choses, elle m'avait dit que ce qu'elle aimait, elle, c'était qu'on y aille « fort ». Elle avait en effet une idée bien précise de ce qu'elle voulait : que je la brutalise. Que je la domine. Que je lui mette des coups. D'ailleurs, elle avait fini par me lâcher qu'elle était maso. Le problème, c'est que tout ça sortait un peu de ma sphère d'expertise... C'était même l'opposé de ce que je recherchais habituellement dans l'acte sexuel – à savoir une connexion, une complicité, de la tendresse, de l'humour. Je ne voyais pas d'inconvénient à essayer quelque chose de nouveau, mais je partais de trop loin, j'avais du mal à suivre. Et ma super-héroïne azuréenne ne semblait pas avoir de patience pour un débutant.

Sur le moment et dans le feu de l'action, je n'avais pas fait grand cas de ce décalage. Mais en y repensant plus tard, en mettant bout à bout un certain de nombre de trucs qu'elle m'avait dis, je m'étais aperçu que le message implicite était clair : je n'assurais pas une cacahuète.

J'avais beau être en mode « biais de confirmation » – ce phénomène cognitif qui pousse le cerveau à donner plus d'importance aux informations qui confirment nos croyances et à discréditer automatiquement celles qui viennent les contredire –, j'avais beau me raconter qu'avec Caroline ça se passait bien, plusieurs fois pendant le week-end je m'étais désespéré de ne pas être à la hauteur. Et j'avais eu de bonnes raisons pour ça.

Car elle avait lâché ici ou là des remarques que j'avais tout fait pour ne pas entendre, notamment sur ma capacité à la satisfaire et sur ma virilité, mais qui étaient, en y repensant, carrément humiliantes.

La semaine qui avait suivi notre rencontre, plus j'avais repensé à ça, plus je m'étais trouvé nul. Et la distance manifestée par Caroline était venue confirmer l'idée que je me faisais de sa déception. Elle s'était imaginé quelque chose de fou, et moi j'avais été médiocre. Je subissais le rejet doublé de l'humiliation. C'était chaud à encaisser. Ça hurlait à l'intérieur de moi.

Le clin d'œil de la vie, c'est que j'étais l'arroseur arrosé. Combien de fois, au cours des années précédentes, avais-je approché une femme simplement parce que je la trouvais belle ? Parce que son corps venait empêcher en moi toute forme de réflexion ? Ou, pour le dire plus crûment : combien de fois avais-je considéré les femmes comme des objets sexuels ? Évidemment, à l'époque, je ne conscientisais pas les choses comme ça ! Je me racontais plutôt des histoires de points communs et de connexion intellectuelle. Mais, la vérité, c'est que bien trop souvent j'avais pensé avec mon sexe. Ou, pour le dire plus crûment : j'avais fantasmé non pas sur la personne, mais sur la qualité de la chair que j'allais posséder momentanément.

Pour une fois, c'était la femme face à moi qui me fantasmait comme de la viande. Elle s'était imaginé un bon steak de bœuf Kobe et elle était tombée sur un steak haché McDo. Massive désillusion. Elle aussi s'était sans doute fait toutes sortes de projections sur notre connexion et nos points communs... Elle aussi avait dû se raconter des histoires. Mais dans la vérité de nos corps, dans la vulnérabilité de notre nudité commune, la qualité de ma viande était apparue dans sa froide réalité : elle laissait à désirer. La claque, au lieu de la lui mettre, c'est moi qui me l'étais prise. Un coup du marteau de Thor sur mon ego.

Jour après jour, plus la réalité de ce qui s'était joué entre nous s'imposait à moi, plus je me sentais ébranlé. Je commençais à me noyer dans ma honte et mon sentiment d'inadéquation, tout en comprenant que, comme dans chaque crise, il y avait sans doute aussi une belle opportunité : en l'occurrence d'avancer dans mon travail d'amour de moi-même. Alors je m'étais mis à me parler tout seul, à me coacher pour me convaincre que j'étais suffisant tel que j'étais... que ce n'était pas grave si j'étais un bon amant pour certaines et pas pour d'autres... et que c'était cool, aussi, de pouvoir continuer à apprendre et à progresser. Et puis, à mesure que la plaie se refermait, j'avais commencé à voir ce fiasco comme un cadeau. Comme une magnifique rose que la vie m'aurait tendue et que j'aurais attrapée à pleines mains jusqu'à m'enfoncer ses épines dans la chair : je comprenais désormais ce qu'une femme pouvait ressentir lorsqu'elle était réduite à son corps. Pour la première fois de ma vie, j'avais été le bout de viande de quelqu'un. Le bout de viande indésirable, qui plus est. Et, clairement, cette expérience allait rester gravée en moi.

Panic Zone

Quelques semaines plus tard, cette histoire continue de me trotter dans la tête alors que je tire mes valises dans l'aéroport désert. On est au milieu de l'été, il n'y a pas un chat à Roissy, c'est surréel. Toutes les personnes présentes portent un masque. C'est la première fois que je vois cet aéroport comme ça. Le premier confinement a pris fin il y a à peine deux mois et les gens sont toujours incertains quant aux voyages lointains : même si le climat de panique collective du début de la pandémie s'est adouci, la coronaphobie est encore à un niveau assez élevé. Personne ne prend l'avion. Mais moi, ce n'est pas le virus qui me fait peur. C'est les super-héroïnes sexy qui veulent qu'on les frappe.

Si je trouvais que c'était calme à Paris, c'est que je n'avais pas encore vu Berlin. J'atterris dans l'aéroport fantôme de Tegel et j'ai l'impression d'être dans un film de zombies. Comme chaque fois que j'allais au supermarché, au début du premier confinement, je me retrouve dans la peau de Will Smith dans *Je suis une légende* : on dirait que l'humanité a été décimée et qu'il ne reste que quelques survivants.

Je vais retirer ma voiture à l'agence de location et nous voilà partis, mes valises et moi, vers un ancien centre de colonie de vacances à une centaine de kilomètres au nord de Berlin. J'ai l'habitude de cette ville – j'y viens régulièrement pour travailler sur mon appli de méditation – et, quand je débarque ici, je suis en général dans ma zone de confort. Mais là, entre l'ambiance post-apocalyptique, la perspective de conduire en pays étranger, qui me terrorise, et celle d'arriver seul au milieu de quarante personnes s'apprêtant à cohabiter pendant une semaine pour un voyage cosmique que je sais, d'expérience, susceptible de m'amener aux portes de l'enfer, je suis carrément dans ma zone de panique.

La peur est une énergie forte en moi. Ce jour-là, j'ai peur de mourir sur la route, parce que je sais que conduire sur l'autoroute est statistiquement, et de loin, l'activité la plus dangereuse que je pratique. J'ai peur pour mon arrivée au centre, parce que l'animal sauvage en moi redoute les premiers moments avec un groupe, les retrouvailles avec les personnes que je connais, les présentations avec celles que je ne connais pas ou dont j'ai oublié le prénom… Est-ce qu'on se fait des hugs ? Est-ce qu'on se fait la bise ? Est-ce qu'on se serre la main ? C'est con, mais peu de questions génèrent en moi plus d'angoisse que celles-là. J'ai toujours eu du mal à m'intégrer dans un groupe et je suis hyper vigilant quant à la première impression que je vais laisser. La terreur que j'éprouve à ce sujet est, certes, bien moins forte qu'auparavant grâce au chantier spirituel dans lequel je me suis lancé à corps perdu ces dernières années. Mais elle est toujours là.

Et puis il y a autre chose, de plus prosaïque : j'ai peur pour mon confort. Mon ami George, qui organise en Allemagne les cérémonies ayahuasca avec notre chaman, m'a prévenu que les conditions ne seraient pas les mêmes que d'habitude.

Ça fait quatre ans que je viens en Allemagne pour travailler avec l'ayahuasca, et d'ordinaire nous sommes hébergés dans un centre de yoga qui, sans être luxueux, est très confortable. J'y ai une chambre pour moi seul, un bon lit, des draps propres, une couette et une salle de bains privative avec douche (chaude !). La salle de pratique, où ont lieu les cérémonies, est bien équipée elle aussi : des chaises qui ne font pas mal aux fesses quand on y reste les quelque cinq ou six heures que durent les festivités, des matelas pour s'allonger si l'expérience est trop intense…

Malheureusement, corona oblige, ce lieu ne pouvait ouvrir, car la région dans laquelle il se trouve était classée zone rouge. George a donc déniché, in extremis, cet autre centre, en pleine nature, plus rudimentaire : douches et toilettes partagées au rez-de-chaussée, chambres collectives au premier étage, lits superposés sur lesquels on mettrait nos propres draps si on voulait des draps... Rien d'affolant, mais bon : j'ai quarante-deux ans et je commence à être un peu moins *roots* qu'à vingt. J'ai des problèmes de dos, un sommeil irrégulier et un historique de réactions un peu extrêmes aux cérémonies ayahuasca donc, oui, j'aime bien avoir mon petit nid douillet.

Tout ça pour dire que je suis en route vers l'inconnu, et que j'ai peur.

Je ressens de la peur, aussi, en écrivant ces mots, en parlant ouvertement de ma relation avec l'ayahuasca. J'ai peur parce que je sais que la plupart des gens émettent des jugements hâtifs sur ce qu'ils ne connaissent ni ne comprennent, surtout quand il s'agit d'expériences qui modifient la conscience. Pour les non-initiés, l'amalgame entre la médecine par les plantes et la défonce est vite fait. Et puis, quand un mec comme moi, qui a baigné dans toutes les drogues possibles et imaginables, se met à parler d'un breuvage qui lui a donné des visions et des révélations sur le sens de la vie, la quasi-totalité des gens est tentée de lever les yeux au ciel et de dire : « Bon, OK, encore une drogue. »

Parce que, oui, ce breuvage donne des visions et des révélations. Mais, non, il ne s'agit pas du tout d'une drogue. C'est même l'un des antidotes les plus puissants à la drogue et à l'addiction. L'ayahuasca est un travail de guérison, que l'on peut aussi appeler « nettoyage ». Il nous amène à comprendre nos blessures profondes, à observer leurs manifestations en nous, dans nos quotidiens, et à les dépasser. Il nous apprend à diminuer l'emprise du mental, de l'ego et de la peur sur nos vies, et à laisser plus de place au cœur. À nous aimer mieux nous-mêmes et les autres. Et donc à vivre une vie plus consciente et heureuse.

Nicole rock'n'roll

Ma relation avec l'ayahuasca a commencé il y a vingt ans déjà. Après ma première année de fac de droit à l'université Columbia, à New York, j'étais rentré en France brisé. Littéralement. Toute mon adolescence, j'avais rêvé de faire comme mon père et d'aller étudier le droit dans une grande université américaine. Mais ce rêve s'était révélé un cauchemar. À vingt ans, j'avais débarqué dans une promo où j'étais le plus jeune, la moyenne d'âge étant autour de vingt-cinq ans. Et alors que je m'étais attendu à une ambiance de campus festive, digne des films américains que je regardais quand j'étais ado, j'avais été propulsé dans un des bations de l'élitisme académique américain et plongé dans une ambiance coupe-gorge archi-compétitive, où j'avais peiné à trouver ma place.

À la fin de ma première année là-bas, j'avais fait une dépression. Je ne comprenais plus ce que j'étais en train de faire de ma vie. Je me destinais à une carrière qui n'avait pas commencé mais dont l'absurdité me rongeait déjà de l'intérieur : je me sentais comme un train à grande vitesse fonçant droit dans un mur.

Mon père m'avait alors suggéré de faire un break en prenant une année sabbatique. L'idée m'avait tout de suite plu, et elle avait continué à germer en moi. Quelques semaines plus tard, alors que je faisais mon stage de fin de première année dans une ONG au Zimbabwe, j'avais justement découvert le monde des voyageurs en sac à dos. Dans l'auberge de jeunesse où je dormais, à Harare, la capitale du pays, et où chaque matin je descendais à la salle du petit déj dans mon costume Armani gris cimetière, il y avait des jeunes du même âge que moi, en habit de backpackers option dreadlocks, dont l'unique préoccupation semblait de savoir quel endroit incroyable ils allaient visiter le lendemain. Zambie ou Malawi ? Botswana ou Mozambique ? J'étais effaré : je ne savais même pas que cette vie-là existait. La mienne, centrée autour d'impératifs de performance, paraissait soudain insensée. Il fallait que je fasse comme ces voyageurs. Que je la prenne, cette année off.

Alors j'avais appelé mon meilleur pote, Jérémie, et je lui avais proposé qu'on parte faire le tour du monde. Il avait tout de suite accepté. L'un et l'autre, on avait pu gagner de l'argent grâce à nos études – moi grâce à mes stages ultra-rémunérés en cabinet d'avocats new-yorkais, lui en tant qu'étudiant à Normale Sup, où il recevait un salaire de l'État. Un billet autour du monde avec seize arrêts coûtait alors 2 000 euros.

Un an après, le temps des préparatifs, Jérémie et moi nous retrouvions donc dans un vol Paris-Bangkok, où nous allions commencer notre périple.

Contrairement aux parents de Jérémie, qui ne voyaient pas d'un bon œil cette année sabbatique, j'avais l'immense chance que les miens trouvent l'idée excellente. Il faut dire qu'ils étaient assez rock'n'roll. Mon père, Peter, né en Californie en 1931, avait participé aux États-Unis à la révolution psychédélique des années 1960, tandis que ma mère, Nicole, née à Paris en 1950, était une enfant de Mai 1968, et voyait la liberté comme une valeur absolue. Pendant qu'on organisait le voyage, elle m'avait même proposé de nous rejoindre : « On vous retrouvera à mi-chemin, au Pérou. Je vais vous emmener dans la forêt amazonienne prendre un truc qui s'appelle l'ayahuasca. Attention : ce n'est pas pour se défoncer, hein : c'est *sérieux*. Tiens, tu vas lire ça, d'ailleurs, ça te donnera une idée… » Et elle m'avait tendu *Le Serpent cosmique*, de l'anthropologue suisse Jeremy Narby, un essai sur le chamanisme amazonien.

Quelques mois plus tard, Jérémie et moi avions retrouvé ma mère et mon père dans la ville d'Iquitos, en Amazonie, au nord du Pérou. C'était en janvier 2001, à une époque où peu de gens en France, et plus largement en Occident, avaient entendu parler d'ayahuasca. En lisant *Le Serpent cosmique*, j'avais appris qu'il s'agissait d'une pratique spirituelle ancestrale. Qu'elle était née de la rencontre improbable de deux des dizaines de milliers d'espèces de plantes natives d'Amazonie. Que leur mélange avait en commun, avec d'autres plantes médicinales telles que la psilocybine ou le peyotl, d'être consommé par des tribus indigènes dans un cadre cérémonial, la nuit, en silence, et de donner des visions. Mais que l'ayahuasca était différente en ce qu'elle était sans doute plus puissante et qu'elle provoquait une purge : la plupart des gens qui boivent l'ayahuasca la première fois – et même, parfois, les « ayahuasceros » expérimentés – vomissent pendant la cérémonie. L'expérience peut d'ailleurs être particulièrement pénible, car les vomissements sont souvent violents et peuvent être précédés de longs, voire de très longs moments où la plante remue dans l'appareil digestif, procurant douleurs et nausées – si bien que la purge, quand elle arrive enfin, est une délivrance.

Un truc sérieux, donc.

De cette première cérémonie, j'ai assez peu de souvenirs. Je me rappelle le périple interminable vers le village du chaman. Des heures en bateau sur l'Amazone, puis des heures de marche dans la jungle... Aujourd'hui, l'ayahuasca est devenue, en Amazonie, un véritable aimant à touristes et il existe malheureusement toutes sortes de charlatans et d'escrocs qui proposent des expériences douteuses. Mais, à l'époque, mon père, ma mère, Jérémie et moi faisions apparemment partie des premiers Occidentaux à boire la plante dans ce village.

Je ne savais pas à quoi m'attendre, donc je ne m'attendais à rien. Je me rappelle seulement une vision étrange et effrayante : j'étais dans un village médiéval et je criais en anglais « *I hate Jesus Christ!* » avant de brûler sur un bûcher. Je revois aussi ma mère vomir violemment et, après la cérémonie, tomber de son hamac comme un sac de pommes de terre. Peut-être le plus grand fou rire de ma vie (et de la sienne aussi, je crois).

Je me souviens, enfin, d'une prise de conscience par rapport à mon futur métier d'avocat d'affaires, dont la perspective me causait de plus en plus d'agitation : lors de la cérémonie, j'étais arrivé à la conclusion que je me dirigeais vers une carrière qui ne me plairait pas, mais que j'avais besoin de vivre cette expérience avant de la dépasser. Qu'elle faisait partie de mon chemin et me permettrait, ensuite, de faire autre chose.

Que l'accepter tout en me rappelant qu'il ne s'agissait que d'une étape était donc la meilleure approche.

Pour le reste, à part les centaines de piqûres atroces de puces qui m'avaient cloué au lit pendant trois jours, je n'avais pas retiré grand-chose de cette première rencontre avec l'ayahuasca. Je n'avais à l'époque commencé aucun travail spirituel. Je ne méditais pas, je n'avais même pas encore de grosses addictions : j'étais trop jeune et inexpérimenté pour me livrer à une véritable introspection.

Le temps passant, cette expérience était devenue un simple souvenir de voyage. Puis, il y a une dizaine d'années, quand mon père tomba malade et que je décidai de partir vivre en Californie, je débutai enfin un vrai travail spirituel. Je découvris le yoga, la pensée d'Eckhart Tolle et la méditation. Je commençai à bosser sur mon ego, sur mon rapport à l'instant présent et sur mes addictions. À m'engrenager sérieusement. Et au hasard de rencontres, à plusieurs reprises, je me retrouvai à boire de nouveau le breuvage sacré, dans la jungle à Porto Rico, à Los Angeles… Mais ces expériences ne furent pas concluantes, les chamans se montraient peu inspirants et mon cheminement spirituel était trop récent : j'étais encore un touriste.

Jusqu'à ce que je rencontre Eduardo.

Very Bad Trip

Ce chapitre a commencé sur une plage au Sri Lanka, au début de l'année 2014. À cette époque, j'avais le cul entre deux chaises : d'un côté je pouvais faire la fête trois jours d'affilée avec de la coke, des ecstas et toutes sortes de drogues récréatives, et de l'autre je pratiquais la méditation et lisais des bouquins de spiritualité. Ce jour-là, j'étais seul dans la station balnéaire d'Hikkaduwa, au sud-ouest du pays. Je connaissais bien cet endroit. J'y allais depuis des années pour surfer, et aussi pour prendre des hallucinogènes dans la jungle avec des surfeurs locaux, moitié bisounours, moitié gangsters.

J'étais seul, donc, dans ma chambre au premier étage du Mambo's Guesthouse, un hôtel qui donnait de tous côtés sur l'océan : j'aurais pu être en pleine mer sur un immense paquebot, la vue n'aurait pas été différente. Pour profiter pleinement du spectacle, j'avais décidé de prendre un peu de LSD et d'ajouter à ça une méditation. Mais le trip ne s'était pas passé comme prévu. Mon ex, Lydia, dont je venais de me séparer après sept ans passés ensemble, me manquait. J'étais triste. Et je me trouvais débile d'être là, tout seul, à consommer un produit chimique si fort, n'importe comment. Mon bad trip gagnait progressivement en puissance. J'avais envie de me pendre.

S'en était suivie une bonne session d'apitoiement sur mon pauvre petit sort d'enfant gâté : comme j'étais triste, comme j'étais seul, comme ma vie ne voulait rien dire... Jusqu'au moment où une petite voix était venue me susurrer à l'oreille : « Eh, ducon, tu vas pleurnicher encore longtemps ? T'es jeune, t'es sur une île paradisiaque, tu n'as de compte à rendre à personne et il te reste un peu d'argent pour faire à peu près ce que tu veux au monde. Tu veux pas te ressaisir un coup, pour voir, et arrêter de faire n'importe quoi ? »

Vu comme ça, effectivement, le gouffre de mes problèmes m'était apparu subitement comme un micro-trou acnéique, et je m'étais dit : « OK, mon Jo, tu peux faire ce que tu veux. Alors, qu'est-ce que tu veux faire, vraiment ? »

Aussitôt, j'avais pensé à ma santé physique et mentale, et j'en avais conclu : « Mais c'est bien sûr ! Une retraite de yoga ! » En voilà une idée qu'elle était bonne ! Je n'en avais jamais fait. Dis, Google, où est la meilleure retraite de yoga du Sri Lanka ? Dans le centre du pays ? Qu'à cela ne tienne, m'y voilà parti pour passer une semaine dans un village traditionnel reconstitué, un endroit sans électricité aucune, où la nourriture est préparée au feu et l'éclairage se fait à la bougie. Un lieu de santé, de bien-être, loin de la fête, de la drogue et du LSD.

Premier cours de yoga de la semaine et surprise de découvrir que le prof est... un Français. Quelle était la chance que je tombe sur un prof français dans une retraite de yoga au Sri Lanka ? D'ailleurs, ledit prof est très cool et il dégaine de bonnes histoires plus vite que son ombre. Après le premier cours, je l'entends raconter, entre autres anecdotes, comment jadis il a fait passer du shit au travers de je ne sais plus quelle frontière pour je ne sais plus quel membre de l'aristocratie marocaine...

Donc le prof est français, et avant il fumait du shit. OK. À la fin du petit déjeuner, une fois que sa cour de femmes amoureuses s'est dispersée, je le prends à part, je lui dis que j'ai entendu son histoire de shit, que j'imagine qu'il ne doit plus trop fumer vu qu'il est un grand gourou du yoga, mais que bon, j'ai ramené de l'herbe avec moi et que s'il veut...

« Non, mais je te crois pas ! me lance-t-il. T'es mon héros. Je fume tous les jours et justement j'avais pas d'herbe, là, je suis arrivé direct de Paris... Oh ! merci, mec, comme tu me fais kiffer ! Et tu sais quoi ? Moi, dans mon sac, j'ai une fiole de LSD liquide hyper pur ! Je fais cours avec, même. On en prendra ensemble, si tu veux. »

Moi qui cherchais un endroit où fuir les substances et donner de l'amour à mon corps, voilà que j'étais tombé sur le yogi qui faisait cours sous LSD. Comme si le truc me poursuivait...

Au fur et à mesure de la semaine, nous nous étions bien entendus avec Jaques le yogi. C'était un excellent professeur, un puits de connaissance, bref, un mec auprès de qui je sentais que j'apprenais beaucoup. Et, de fil en aiguille, on s'était mis à parler d'ayahuasca. Il avait souvent bu le breuvage sacré. Il connaissait d'ailleurs un chaman incroyable, un Brésilien du nom d'Eduardo, avec qui il s'était initié à ce travail. Ça m'avait beaucoup intrigué. Mais, à l'époque, j'étais plus concentré sur les femmes et la fête que sur mon travail spirituel, alors je m'étais contenté de ficher cette information dans un coin de ma tête.

À mon retour du Sri Lanka, j'avais commencé une relation qui allait marquer un tournant dans ma vie. Avec Jasmine. Une passion dévorante, la folie amoureuse. Et surtout : une relation principalement centrée sur la recherche de plaisirs. Je n'étais qu'au tout début de mon chemin. Je voulais le beurre et l'argent du beurre, j'essayais de me convaincre qu'il n'y avait pas de contradiction entre la fête et les drogues d'un côté, la spiritualité et la méditation de l'autre. Grâce à mes lectures engrenagées, je commençais à peine à comprendre ce que je recherchais en fumant des pétards et en explorant les paradis artificiels aux quatre coins du monde : une libération de cette torture que m'infligeait mon mental compulsif, qui n'arrêtait jamais de ressasser le passé et de faire des projections sur le futur. Un accès à l'instant présent, libre de pensées. Une autre façon de percevoir la vie. Mais je n'avais pas encore le courage de regarder la vérité en face et de franchir le pas qui me permettrait de remplacer la teuf par la méditation.

J'avais déjà essayé d'arrêter de fumer de l'herbe, mais sans succès. Le matin, au réveil, je méditais. Le soir avant de dormir, j'enchaînais les pétards. Je refusais de voir la contradiction entre ces deux habitudes. Comment, d'un côté, je m'entraînais à regarder la vie telle qu'elle était, à observer sans réagir, à redécouvrir la simple joie d'être, dans l'ici et maintenant ; et comment, de l'autre, je me réfugiais dans une pratique qui anesthésiait mes sens et offrait, momentanément, une échappatoire au tourbillon de mes pensées et au gouffre de mon vide existentiel.

Jusqu'au jour où je me pris une bonne grosse claque dans la gueule. C'était un samedi de l'été 2015. Alors que, l'année d'avant, j'étais encore un apprenti écrivain inconnu dont personne ne voulait lire le manuscrit, je m'étais métamorphosé en quelques mois en blogueur suivi par des dizaines de milliers de personnes. Ça me rendait fier, bien sûr, et une partie de moi, revancharde, se réjouissait de montrer à ceux qui m'avaient ri au nez, quand je parlais d'écrire sur le bonheur, comme ils s'étaient plantés : mon ego piétiné voulait dominer à présent. Je ne m'en rendais pas compte du tout, mais, en y repensant aujourd'hui, je vois bien comme cette part sombre était à l'œuvre.

Jasmine et moi avions réuni quelques amis dans la maison de ma mère à Angoulême, une bâtisse du XIIIe siècle, ornée d'un parc magnifique. L'endroit parfait pour prendre un hallucinogène. C'était d'ailleurs bien notre intention, ce week-end-là : prendre des « microdots », une substance ultra-puissante sous la forme d'une minuscule bille dont les effets ressemblent beaucoup à ceux du LSD, et que j'avais acheté à mon dealeur au Sri Lanka. Car à l'époque j'avais un dealeur dans chaque port.

Ce samedi-là avait donc bien commencé. J'étais fier d'avoir Jasmine à mon bras, content de recevoir nos amis dans ce lieu et de leur offrir une expérience inédite. Pourtant, quelques heures plus tard, sans l'avoir vu venir, j'allais faire un des pires bad trip de ma vie. Rien n'allait se dérouler comme prévu. J'avais fantasmé un moment de danse, de rires et de contemplation de la nature. Sans doute, aussi, un moment où je serais au centre de l'attention. Mais c'était sans compter le casting et la présence de Bernard, un vieil ami à qui mes nouvelles activités de mec pseudo-sage ne plaisaient pas des masses.

Bernard et moi étions potes depuis plus de vingt ans. À l'adolescence, il était comme un grand frère. Il avait plus d'expérience avec les femmes, avec la fête, et c'est lui, notamment, qui m'avait emmené dans mes premières soirées en boîte de nuit à Paris. J'étais l'étudiant sérieux – le « mec intelligent » –, il était le beau gosse charismatique – le « mec cool ». Dix ans plus tard, vers la fin de ma carrière d'avocat, quand la fête devint le point focal de ma vie, et que je laissai de côté ma diligence professionnelle et mon ambition, c'est lui aussi qui me fit rentrer au Baron, à Paris, la boîte de nuit select de l'époque. Sans lui, j'attendais dehors. Avec lui, je rentrais dans cet univers incroyable que je connaissais si peu, où tout le monde était cool, où tout le monde était beau. À l'époque, je commençai moi-même à organiser des soirées de temps à autre, mais toujours en demandant son avis à Bernard : car le chef de la fête, c'était lui.

À mesure que les années passaient, je voulais moi aussi être le « mec cool », et les conflits avec Bernard devinrent de plus en plus fréquents. Il y avait de la compétition entre nous, et sans doute un peu de jalousie. Et, alors qu'en cet été 2015 j'étais si content de moi, lui voyait clairement la contradiction que je personnifiais, avec mon pétard au bec et mes poches emplies de drogues exotiques.

Ce jour-là, donc, peu de temps après la prise des microdots, je commençai à me sentir mal, à développer des pensées paranoïaques : Bernard prenait beaucoup de place, il faisait des blagues un peu salaces... Jasmine me demandait de lui dire d'arrêter, ce que j'essayais de faire, en vain... L'effet du truc était si fort que nous glissions tous, peu à peu, dans un monde parallèle... Plus Bernard imposait sa présence au centre du groupe, plus je me sentais rétrécir... Il prenait la place du mâle alpha, et moi je me voyais comme un petit garçon incapable de trouver la sienne. Il dégageait une forte énergie sexuelle, qui avait d'abord dérangé Jasmine mais qui, de ce que je pouvais ressentir à mesure que l'après-midi évoluait, semblait aussi lui plaire. Mes pensées noires s'intensifiaient... Bernard convoitait Jasmine, j'en étais certain maintenant, et Jasmine était loin d'être insensible à sa danse de mâle dominant... La microdot nous avait reconnectés à l'animal en chacun de nous... La force de Bernard et ma faiblesse m'apparaissaient maintenant comme les seules réalités qui aient jamais existé.

Je voyais quand même que je partais en vrille, alors je me répétais que non, tout ça c'était dans ma tête, qu'il fallait que je me calme, et que surtout je ne pouvais pas me permettre de faire un bad trip, moi qui prétendais si bien comprendre la question du bonheur. Bien sûr, ça ne faisait qu'empirer les choses. J'essayais de méditer... Peine perdue. J'essayais d'être avec le groupe, je n'y arrivais pas non plus. Je ne savais plus quoi faire de moi.

Alors il se produisit ce qui devait se produire. Bernard commença à se moquer de moi, ouvertement : « Ben alors ? Si ça va pas, t'as qu'à méditer, voyons ! » Certains de mes amis avaient du mal à contenir leurs rires, même Jasmine semblait se mordre les lèvres, et plus Bernard les faisait rire de moi, plus je me sentais petit et sans défense.

Bernard avait raison, pourtant, et c'était sans doute la cause majeure de mon bad : j'étais un imposteur. Un mec qui prétendait comprendre la tyrannie du mental et les moyens d'en sortir, qui brandissait devant des milliers de personnes des recettes pour devenir plus heureux, mais qui se reposait sur des béquilles pour se donner artificiellement des montées de dopamine et de sérotonine. L'écart entre mes paroles et mes actions était saisissant. Ce jour-là, je me souviens avoir éprouvé une honte et une humiliation sans précédent : devant ma copine, aux yeux de qui j'apparaissais en pleine transparence comme un gamin sans colonne vertébrale ; et devant mes potes, qui devaient me trouver ridicule. Je finis par me réfugier dans la maison. Pendant plusieurs heures, défoncé comme j'étais, je me persuadai que ma vie était en train de s'écrouler : bientôt, mon imposture serait rendue publique, je devrais arrêter ce que j'avais entrepris avec les Antisèches, mes amis ne me prendraient plus jamais au sérieux, ma copine me quitterait car je n'étais pas à la hauteur...

Et, de fait, ce week-end fut un tournant. Le début de la fin de ma relation avec Jasmine. La rupture avec Bernard, cet ami de vingt ans qui m'avait mis face à mes contradictions et à qui j'allais attribuer la responsabilité de mon mal-être. Mais ce fut aussi le début d'un renouveau. Pendant mon voyage hallucinogène infernal, j'avais touché le fond, mais, une fois revenu à la réalité, j'étais déterminé. J'allais entamer une transformation radicale, qui m'amènerait à renoncer, progressivement, à tout ce qui faisait de moi une contradiction sur pattes : cigarettes, pétards, drogues ; qui me pousserait à intensifier ma pratique de la méditation et à partir, plus tard, pour un voyage initiatique en Inde. Une transformation qui ne se ferait pas sans embûches, car il y aurait de nombreuses rechutes au cours des années. Mais qui, néanmoins, s'opérerait profondément. Et notamment grâce au travail que j'allais commencer avec Eduardo.

Mais, ça, je ne le savais pas encore.

Encore une drogue !?

Une partie de moi savait depuis le début que la relation avec Jasmine était vouée à l'échec, pourtant je ne pouvais pas concevoir de la perdre. Et, comme avec mes autres addictions, je refusais de voir la réalité en face. Jusqu'au jour où la relation me cassa en deux, littéralement : c'était peu de temps après mon week-end en enfer. Nous étions tous les deux au cœur d'une énième embrouille et, d'une seconde à l'autre, je me retrouvai frappé du plus gros lumbago de ma vie : impossible de marcher, sinon en agrippant les murs.

Deux jours plus tard, je vais chez l'ostéo, je ressemble au bossu de Notre-Dame. C'est comme si j'avais cent ans de plus que mon âge. Il semble étonné quand il me voit débarquer dans son cabinet. On dirait que mon cas est sévère. Après m'avoir ausculté, il me demande ce qui m'a mis dans un état pareil. Je ne m'attendais pas à lui raconter mes déboires sentimentaux, mais là, d'un coup, ça sort, tout sort, je lui explique qu'on n'arrête pas de s'engueuler avec Jasmine, que je n'en peux plus, que j'en ai plein le dos… Et lui de me répondre, comme si c'était un traitement qu'il prescrivait tous les jours : « Alors il faut rompre. »

J'étais un peu scotché que l'ostéo me fasse une ordonnance de rupture. En même temps, cette solution qui, la veille, me semblait inenvisageable, me parut pour la première fois une évidence. Ce que mon mental ne voulait pas voir, tant j'étais amoureux, mon corps était en train de me le hurler : la relation m'était nocive et je devais y mettre un terme.

Avec Jasmine, on parla calmement de cette recommandation un peu surréelle. Puis on décida de la suivre. Et là, il se produisit un truc étrange. Alors que j'étais en miettes, physiquement et émotionnellement, une petite voix à l'intérieur de moi vint me chuchoter quatre syllabes à l'oreille : a-ya-huas-ca.

Instinctivement je sentais qu'il fallait que je guérisse. De quoi ? J'allais le découvrir par la suite. Mais je devais me soigner et je me sentais appelé par la plante. Alors j'écrivis à Jacques le yogi pour lui demander s'il pouvait me mettre en contact avec son chaman. Trois jours plus tard, un mardi matin, je recevais un appel un peu fou : « Salut, Jonathan, c'est Paul, l'ami de Jacques. Eduardo est en Slovénie, mais il peut venir ce week-end à Paris. Il faudrait que tu réunisses une dizaine de personnes, que tu trouves un lieu pour la cérémonie, un logement pour lui et son musicien. La participation de chacun pour couvrir le déplacement et l'organisation est de 100 euros, tu t'occupes de tout ça et tu me rappelles, d'accord ? »

D'abord, je trouvai que tout ça n'était pas très sérieux. En moins de quatre jours je ne pourrais jamais dénicher un lieu pour la cérémonie, un autre pour loger le chaman et son musicien, puis réunir dix personnes pour une expérience aussi particulière. J'appelai quand même mon pote Pierro pour en parler avec lui. Je savais qu'il s'intéressait au chamanisme, et on avait déjà évoqué la possibilité de prendre de l'ayahuasca ensemble, un jour. « OK, mec, me dit-il, ne t'en fais pas, je m'occupe de tout. »

Et en effet, il avait tout géré : recevoir Eduardo et son musicien, les amener dîner dans le restaurant de sa famille, mettre à disposition la maison de ses parents pour faire la cérémonie et loger les deux guérisseurs brésiliens.

Ce fut un moment déterminant. Lors de la session, pour la première fois, je rentrai en connexion avec la plante et je sentis mon cœur s'ouvrir. Je bus les paroles d'Eduardo, qui parlait de la vie et de la mort, du travail de présence à soi-même, de l'ouverture de la conscience, du chemin d'évolution. Je fus transporté par sa voix et sa musique : il était aux percussions, et son musicien, Carlos, l'accompagnait à la guitare. Tous deux avaient bu le breuvage avec nous. Indescriptible expérience que d'écouter ces chants tout en ressentant l'effet de la plante en moi… La claque musicale de ma vie.

Pendant qu'Eduardo et Carlos jouaient, je pensais à Jasmine. Je l'imaginais comme la beauté incarnée, une sirène que j'avais eu la chance de côtoyer, mais à qui je devais maintenant dire au revoir. Un peu plus tôt, j'avais fait l'expérience de la purge et vomi tout ce que j'avais dans l'estomac, vomi aussi toute notre relation, tout mon attachement à elle, pleuré toutes les larmes de mon corps. Pour la première fois, je sentais la magie du travail de la plante, sa capacité de nettoyage, sa puissance thérapeutique.

Cette cérémonie serait la première de nombreuses autres au cours des années suivantes. Des cérémonies qui me permettraient de continuer mon travail de libération par rapport à Jasmine ; mais qui, progressivement, me libéreraient aussi de la prise de substances comme la cocaïne et les ecstasys, de la consommation régulière d'herbe, et me permettraient d'avancer sérieusement sur mon chemin spirituel.

Je sais que, pour les personnes qui n'ont pas consommé ces plantes, c'est parfois difficile de ne pas les confondre avec des drogues. Or, pour comprendre la différence entre une prise de drogue et un rituel de guérison, au-delà de la nature de la substance ingérée, il faut se poser la question de l'intention : l'intention derrière une cérémonie ayahuasca n'a rien à voir avec l'intention derrière une teuf. Si on consomme en soirée de la coke ou des ecstas, on n'a, a priori, aucun autre projet que de s'oublier momentanément, de kiffer. Avec l'ayahuasca, l'intention est opposée. Il ne s'agit pas de s'oublier mais, au contraire, de lever le voile sur certains aspects de notre histoire personnelle, sur certains aspects de notre personnalité, que l'on se cache à nous-mêmes. Afin de prendre conscience et de guérir des blessures que l'on porte en soi.

Le processus, lui aussi, diffère totalement. La fête est une affaire de groupe, où l'on se lâche, où il y a peu de règles, et où l'on interagit beaucoup avec les autres. Une session aya, quant à elle, demande une certaine préparation, et notamment une période avant et après la prise où l'on ne mange pas certains aliments, tels que la viande, et où l'on ne boit pas d'alcool. Puis le jour J, une fois la plante ingérée, on s'assied en silence, dans le noir, en méditation, avec interdiction de parler ou de faire du bruit. Chacun est là pour travailler.

Pour se concentrer, purger, guérir. Le processus est personnel et on ne doit pas déranger les autres.

Autre différence, de taille : la chronologie. Quand on prend une drogue, au début on kiffe, à la fin on paye : on se sent bien sous son emprise (en général), mais le lendemain et les jours qui suivent, on subit la redescente, la déprime, la fatigue, les maux de tête... Bref, tout ce qu'implique la consommation de substances toxiques. Quand on boit l'aya, la séquence est inversée : on paye l'addition au tout début. La purge se fait, en général, dans les premières heures, qui peuvent être d'une grande souffrance physique et émotionnelle. Mais, quand le mal est passé, on se sent comme neuf, et les jours et les semaines qui suivent une cérémonie, l'impression qui domine est celle d'une renaissance. D'ailleurs, les peuples indigènes d'Amazonie donnent à l'ayahuasca le surnom de « cura », qui signifie « guérison » : la substance ingérée, en effet, est tout sauf toxique. Elle est médicinale.

Il y a beaucoup d'addicts ou d'anciens addicts qui vont en cérémonie ayahuasca, c'est vrai. Le travail de la plante permet, mieux sans doute que n'importe quelle autre approche, de faire face aux addictions les plus sévères. En nous donnant des informations sur nous-mêmes, en nous faisant voir des aspects de notre personnalité que nous ignorions ou des éléments de notre histoire personnelle que nous avions oubliés, parfois sous la forme de visions, parfois sous la forme de messages, l'ayahuasca nous permet d'aller à la racine de nos comportements répétitifs destructeurs et nous aide à les décoder. C'est pourquoi certains héroïnomanes ou certains alcooliques se tournent vers cette médecine ; sans compter les personnes souffrant de dépression ou de chocs post-traumatiques, qui y trouvent, non pas une solution miracle, mais un outil puissant de connaissance de soi, qui a fait ses preuves pendant des siècles.

George, mon héros

Je roule droit vers la colo chamanique dans la campagne allemande. J'essaye de me coacher en me parlant tout seul à voix haute, les mains rivées sur le volant : « Aie confiance, mon Jo. Tout va bien se passer… »

Et en effet, tout se passe bien : j'arrive au centre après deux petites heures de route lors desquelles, évidemment, aucune de mes terreurs relatives à la conduite en pays étranger – en particulier la peur de me perdre, de me retrouver sans réseau pour faire marcher mon GPS puis dans l'incapacité de communiquer dans la langue locale – ne s'est matérialisée. D'ailleurs, c'est la plupart du temps comme ça avec mes peurs : j'imagine toutes sortes de choses, je fais des tas de

« suppositions » – pour reprendre l'expression de Don Miguel Ruiz dans *Les Quatre Accords toltèques* –, que je prends pour vraies et que je laisse me bouffer de l'intérieur. Pour finir, lorsqu'elles se révèlent infondées, par les oublier comme si elles n'avaient jamais existé. J'ai beau me mettre des post-its mentaux pour me rappeler que, la plupart du temps, la voix dans ma tête raconte n'importe quoi, surtout en matière de peurs, et qu'il serait donc judicieux de les observer sans leur donner trop d'importance, je suis encore loin d'y arriver systématiquement.

D'ailleurs, une peur vient en chasser une autre, et mon cœur bat la chamade quand je me gare dans l'herbe à côté des autres voitures, que je ferme la porte de l'auto et que je m'avance vers le lieu, à cinquante mètres de là, où certains de mes co-engrenagés sont déjà réunis. Je marche d'un pas hésitant, espérant voir un visage familier. Manque de bol, les premières personnes que je croise me sont inconnues, et le bonjour que je leur adresse du coin des lèvres semble avoir du mal à trouver sa cible. Heureusement, après quelques minutes inconfortables, je croise une, puis deux personnes avec qui j'ai déjà bu l'aya. Il y a Julian, le hipster berlinois tout mince, avec son gilet boutonné sans manches imprimé et sa casquette vintage, un des piliers du travail d'Eduardo en Allemagne et l'un des cuistots de la semaine. Il me fait un grand sourire, me souhaite la bienvenue, on se prend dans les bras. Il y a aussi Petra, qui est pour moi comme la maman du groupe. Elle me fait un de ses hugs légendaires et le stress redescend d'un cran. Dans ma tête, je passe du statut d'inconnu au bataillon à celui d'invité périphérique. C'est déjà ça. Puis je tombe sur George. Il est la seule personne du groupe que je considère comme un ami intime. Et c'est aussi le discret dirlo de la colo.

J'ai rencontré George il y a quatre ans, lors d'une de mes premières cérémonies avec Eduardo, en Italie. C'était juste avant de partir en Inde, pour mon initiation à la méditation Vipassana. On venait tous les deux de l'étranger – lui de Berlin, moi de Paris –, et les organisateurs italiens nous avaient mis en contact pour qu'on se retrouve à l'aéroport de Fiumicino, qu'on loue une voiture et qu'on se rende ensemble au centre où allaient se dérouler les cérémonies du week-end, à deux heures de Rome. J'étais loin d'imaginer, ce jour-là, l'impact qu'aurait cette rencontre sur ma vie. Loin de comprendre le sublime cadeau que l'univers m'avait fait en mettant ce mec sur ma route. (Oui, Dominique, je commence à te parler de l'univers, c'est pour que tu t'échauffes un peu par rapport à tout ce qui va suivre.)

Il avait l'air sympa, le George, mais sans plus. Un Slovène vivant en Allemagne. Un grand gaillard, ni gros ni maigre, aux cheveux ni longs ni courts. Un type calme, avec une voix douce, qui ne disait pas un mot de trop. Pas un charmeur ni un boute-en-train. Pas le genre de gars qui, à l'époque, aurait attiré mon attention. Un ingénieur. En informatique. Voilà.

Pendant le trajet en voiture, je me souviens avoir beaucoup parlé. Avoir raconté ce que je faisais dans la vie, sans doute avec cette fausse modestie dont j'essaye, depuis, de me débarrasser. J'ai le souvenir, lors de cette première rencontre, d'avoir été assez puant. Contrairement à moi, lui ne cherchait pas à me faire comprendre à quel point il était génial. Il écoutait. Il ne donnait pas d'information sans que je lui en demande, ce que je faisais fort peu pour ma part – tellement fier que j'étais de répandre le bonheur, d'avoir des milliers de followers sur les réseaux, tellement convaincu d'avoir fait un immense travail sur moi et d'avoir tant à partager avec qui voudrait m'entendre, bla bla bla bla bla bla bla…

Ce premier échange raté est resté gravé dans ma mémoire à cause de ce qui s'est passé ensuite : à savoir un calvaire. Le week-end avec la tribu d'Eduardo fut atroce. Le premier épisode d'une longue série de leçons en humilité. Et le point final de cette période où je m'obstinais à croire que je pouvais avoir le beurre et l'argent du beurre, où je me persuadais qu'il était viable, d'un côté, d'avancer sur un chemin spirituel et, de l'autre, de me défoncer dans des fêtes – ce que j'avais fait quelques semaines plus tôt, en prenant de la cocaïne dans une soirée. C'était déjà devenu quelque chose de rare dans ma vie, mais je n'avais pas encore décidé, officiellement, de ne plus jamais toucher à cette merde. Pour ne rien arranger, entre les deux cérémonies du week-end, j'avais écrit des messages à Jasmine, ravivant en moi-même quelque chose qui devait, manifestement, ne pas être ravivé.

Alors, la plante me mit une bonne branlée – la première du genre, pour moi. Pour me faire voir le paradoxe qu'était ma vie à ce moment-là, me faire comprendre que je ne pouvais pas jouer dans les deux équipes, et me montrer le chemin pour progresser dans mon travail personnel : celui de l'alignement.

Ce concept d'alignement m'était jusque-là étranger. Malgré l'épisode des microdots, je ne me posais pas encore sérieusement la question de la cohérence entre mes croyances, mes paroles et mes actes. Ce week-end-là, le message de la plante était sans équivoque : si je désirais évoluer, je n'avais d'autre choix que d'arrêter définitivement de consommer de la cocaïne et de tirer un trait sur le peu qui restait de ma relation toxique. Point.

Techniquement, la mise en garde prit la forme d'un supplice physique qui dura près de vingt-quatre heures. Quelques heures après un échange de selfies et autres messages avec Jasmine, je commençai à ressentir une douleur au niveau de l'estomac qui me plia en deux lors de la deuxième cérémonie du week-end. Je dus quitter la salle. Pendant des heures interminables, je restai dehors dans le froid, agenouillé dans l'herbe, gémissant de douleur, sachant exactement pourquoi je me retrouvais là : car j'entendais distinctement la plante parler à l'intérieur de moi. Je priais pour pouvoir vomir, pour que vienne la purge, pour que le calvaire s'arrête. J'implorais le ciel, je promettais que j'avais compris la leçon, que plus jamais je ne répéterais mes conneries ! Mais rien n'y faisait : j'étais dans le trou.

Au bout de quelques heures, Eduardo me fit rappeler par l'un de ses assistants, alors je retournai dans la salle et me trouvai à nouveau au milieu des autres, à pousser des petits cris de douleur sans pouvoir me contrôler. Non seulement je douillais comme un ouf, mais je perturbais la méditation collective avec mon récital. Moi qui me croyais si avancé… Dans ce groupe, je n'étais qu'un débutant. Je me tapais l'affiche. Et plus qu'un peu la honte.

Les crampes persistèrent pendant les heures qui suivirent la cérémonie, et même une bonne partie de la journée du lendemain. Je me sentais perdu, je ne savais pas quoi faire, ni vers qui me tourner pour échapper à mon supplice. J'étais encore novice dans le travail, je ne comprenais pas ce qu'il m'arrivait, j'avais peur de ne jamais sortir de cet état atroce. Et c'est George qui fut ma bouée de sauvetage. Quand je pleurais de désespoir, quand je me persuadais que la douleur ne s'en irait jamais, il me parlait, il m'expliquait que ce que je vivais, je devais le vivre, que ça allait me permettre d'avancer et que j'allais en sortir. Il m'accompagnait avec patience et amour, il me soutenait. Surtout, il ne me jugeait pas. Alors que si j'avais été lui, après le grand numéro de mec-à-deux-doigts-de-l'éveil que je lui avais fait, j'aurais été bien incapable de ne pas me regarder de haut.

À la fin du week-end, je commençai enfin à me sentir mieux. Nettoyage terminé, enseignement livré. Dans la voiture avec George, sur le chemin du retour, je faisais moins le malin qu'à l'aller. Quelle leçon la vie m'avait donnée ! Elle m'avait mis au centre d'un groupe de la manière la moins flatteuse qui soit, m'apprenant durement mais efficacement à moins la ramener et à mieux cultiver l'humilité et la discrétion. Elle m'avait montré le chemin vers un meilleur alignement. Enfin, elle avait révélé la sagesse et le cœur d'un mec que j'avais hâtivement classé comme peu intéressant, alors que je n'en savais rien puisque je n'avais fait que lui parler de moi... Je ne savais pas encore, à l'époque, que George deviendrait un enseignant pour moi, ainsi qu'un grand frère. Et qu'ensemble nous allions vivre de nombreuses autres cérémonies et péripéties.

Starting Blocks

Quand je retrouve George ce soir-là, donc, près de quatre ans après notre rencontre, quand il m'accueille avec sa douceur et sa gentillesse habituelles, mon niveau de stress chute de trois niveaux. Il me fait faire un tour des lieux. D'abord la cuisine, où je croise Mirabella, une yogi/scientifique/cheffe végane, si discrète qu'on pourrait bien ne pas remarquer sa présence, et qui, comme George, est l'une des personnes les plus sages et brillantes que j'ai rencontrées. Avec Julian, son compagnon, ils vont nous préparer toute la semaine des houmous, salades et soupes à se rouler par terre, comme dirait ma mère. Tout ça en plus du gros travail qu'ils feront sur eux-mêmes en participant, chaque nuit, aux sessions avec Eduardo.

George me montre ensuite la salle de pratique, où auront lieu les cérémonies, ainsi que l'immense terrasse en bois sur laquelle donne cette pièce – le *deck* – qui domine la campagne environnante et les champs à perte de vue. Installés ici et là dehors, de petits groupes se sont formés pour papoter. Je repère mon pote Jasper, un mec que j'adore, avec qui j'ai fait de nombreuses cérémonies en Allemagne et au Brésil. Comme beaucoup d'autres dans le groupe allemand d'Eduardo, il fait partie de la branche « intello-jean-baskets » de l'engrenage. C'est un des trucs que j'aime, ici : contrairement à d'autres lieux où Eduardo travaille, les participants d'Allemagne sont peu portés sur les accessoires typiques de l'engrenage, tels que les cristaux et les vêtements à franges. De l'extérieur, on aurait du mal à les démasquer.

Le soleil est en train de se coucher au loin, les couleurs dansent, la terrasse baigne dans le rose, le mauve et le bleu, c'est magnifique. Je pourrais presque commencer à me détendre... si ce n'est qu'une autre couleur me saute désormais aux yeux et m'alarme, alors que mes bagages sont encore dans ma voiture : le blanc. Tout le monde est en blanc. Et le blanc de la tête aux pieds, ça veut dire que les festivités vont bientôt commencer.

L'habit blanc, typique des réunions d'engrenagés, était mon ennemi juré, il y a quelques années, quand je voyais dans des ashrams, en Inde, des Européens s'en parer : j'avais l'impression que cet habit était un mensonge, une manière de se faire passer pour ceinture noire de sagesse. J'ai découvert depuis que c'est une coutume dans de nombreux groupes pratiquant l'ayahuasca, coutume que j'ai appris à respecter moi aussi. Le blanc symbolise la pureté, bien sûr, mais surtout l'humilité face au travail que l'on est sur le point d'entreprendre. C'est une manière non seulement de rendre nos accoutrements formels, mais aussi de marquer l'importance – la gravité, même – de ce que l'on s'apprête à faire.

Il va falloir que je me speede, donc. George m'emmène dans le bâtiment où la plupart d'entre nous vont dormir. Au rez-de-chaussée, les toilettes et salles de bains collectives. J'étais prévenu, OK. Au premier étage, ma chambre. On entre dans une toute petite pièce, avec deux lits superposés. Je ne vois pas de place pour mon immense valise, je me demande comment on va faire pour tenir à quatre là-dedans. Mon cœur de diva bat fort quand je demande à George qui va dormir avec moi. Il me répond que, non, voyons, il m'a gardé une chambre seul. J'ai l'impression d'avoir gagné au loto, je jubile, je lui saute au cou. Finalement la semaine commence bien.

Je file à la douche, m'habille en deux-deux. Quand j'arrive dans la salle de cérémonie, tout le monde est déjà installé. Heureusement, je me suis préalablement octroyé une place assise au troisième rang, ainsi qu'une autre allongée, en périphérie, pour le cas où je n'arriverais plus à tenir sur une chaise – ce qui, par le passé, m'est arrivé bien plus qu'à mon heure.

L'angoisse dans les lieux est palpable. Sur la trentaine de participants, une demi-douzaine viennent pour la première fois et ne savent pas à quelle sauce ils vont être mangés. La plupart des autres sont des ayahuasceros aguerris. Ils savent d'expérience qu'une cérémonie peut les envoyer aussi bien en enfer qu'au paradis, parfois les deux dans la même nuit, alors certains sont encore plus angoissés que les novices… De mon côté, égal à moi-même, je suis hyper flippé. Mais aussi très excité : je sens qu'en cette période de pandémie où notre monde change, sous nos yeux, à une vitesse fulgurante et où tant d'interrogations se posent quant au futur, nous nous apprêtons à vivre un moment intense.

Décollage

Il doit être aux alentours de 22 heures, tout le monde est bien assis. Eduardo et James sont entrés. Ils regardent l'assistance qui leur fait face. Les murmures des conversations baissent. Comme au début de chaque cérémonie, Eduardo se lève de derrière la table où il siège et prend la parole pour nous souhaiter la bienvenue.

Il est beau, mon chaman. Pas dans le style de Brad Pitt, hein. Déjà, il doit faire un mètre soixante-dix à tout casser. Et il n'a plus beaucoup de cheveux sur le crâne. Mais ce n'est pas un chauve à la Jean-Claude Dusse. Je veux dire, pas un chauve malgré lui, qui essaye de rentabiliser les quelques poils qui se battent encore autour de son chakra couronne. Non, mon chaman, c'est un chauve à la Zidane, à la Michael Jordan, à la Andre Agassi : totalement assumé, et dont le charisme est tel qu'on en a vite oublié sa calvitie. Le genre de chauve que j'aimerais être, moi aussi, quand je serai grand. Malgré sa petite taille, Eduardo exsude la puissance physique. Il n'est pas musclé comme quelqu'un qui soulève des poids, il a cette force que l'on sent chez les gens qui travaillent de leurs mains. Il faut le voir à l'œuvre, lorsqu'il prépare la potion magique dans son centre, au Brésil. Quand il soulève ces immenses marmites ou qu'il travaille nuit et jour à mélanger le « thé » (c'est le nom qu'on donne là-bas à l'ayahuasca), on ne dirait pas qu'il a passé la soixantaine. Mais surtout, ce qui caractérise Eduardo, c'est son regard. Il a l'œil intelligent. Et rieur. Son regard peut te transpercer et en dit souvent bien plus que ses paroles. C'est un regard qui te donne l'impression que tu communiques avec lui à plusieurs étages. Que ses mots te disent une chose alors que ses yeux t'en disent une autre.

Il n'y a pas un bruit, et tout le monde le fixe lorsqu'il s'avance vers l'assistance et introduit la séance en nous disant que nous ne sommes pas là par hasard. Qu'il se peut que nous ne sachions pas très bien pourquoi nous sommes venus mais qu'il y a une raison. Et que, si ce n'est pas déjà le cas, cette raison risque bientôt de nous apparaître clairement. Il demande qui va boire l'ayahuasca pour la première fois. Six mains se lèvent. Nous autres nous tournons vers ces « *virgins* » avec un sourire en coin : chacun se rappelle sa propre première fois.

Le préambule passé, Eduardo rentre dans le vif du sujet. Avant de nous donner la plante, il nous pose toujours une ou plusieurs questions quant à notre travail spirituel. Ce soir, c'est un classique : quelle est la force la plus puissante ? L'énergie positive ou négative ? L'un d'entre nous répond que c'est l'énergie positive, une autre la négative. Eduardo sourit. La force la plus puissante, nous dit-il, est celle qu'on alimente.

C'est, en quelque sorte, une mise en garde. Eduardo aurait aussi bien pu nous dire : « Cette nuit, regardez où vous porterez votre attention. Vous êtes plus aux commandes que vous ne pourrez le croire. Soyez vigilants, maintenez votre concentration et ramenez votre attention à l'instant présent si elle se perd dans des considérations nocives. »

Je connais ce genre d'avertissement et je lis entre les lignes : je sais que le voyage que nous allons vivre, tous, est moins un film qu'un jeu vidéo ; qu'il va falloir rester concentré et bien garder les mains sur le joystick.

Ensuite, notre chaman entre plus spécifiquement dans la nature du travail de l'ayahuasca. La plante, nous dit-il, nous permet de nous étudier. C'est sa fonction première : elle nous offre l'opportunité, comme c'est le cas de certaines psychothérapies, de nous observer sous un angle nouveau, qui nous donnera une meilleure compréhension de nous-mêmes, laquelle nous aidera à guérir. La guérison consistant à identifier puis désarmer certains mécanismes mentaux qui nous desservent ; qui nous empêchent d'atteindre notre plein potentiel ; qui limitent notre capacité à nous donner de l'amour et à en donner aux autres ; et, plus largement, qui restreignent notre pouvoir de nous rendre heureux et de contribuer positivement au monde qui nous entoure.

Je l'écoute nous parler de ce voyage intérieur et je repense à cette phrase, qui, selon Socrate, était gravée à l'entrée du temple de Delphes : « Connais-toi toi-même. » Si l'on n'a pas commencé de travail introspectif, une telle injonction peut sembler saugrenue. Parce que la plupart d'entre nous croient, à tort, se connaître plutôt bien. Ça a été mon cas, longtemps. Mais quand j'ai pris conscience, peu à peu, de mon immense capacité à me mentir à moi-même, quand j'ai découvert à quel point je pouvais ignorer la nocivité de certains de mes comportements, mais aussi les blessures qui me poussaient vers ces comportements-là – en somme, tout ce qui constituait mon ombre –, alors cette phrase a pris un tout nouveau sens.

Plus que quelques minutes avant le premier verre, c'est le moment pour moi de m'interroger sur mon intention. J'ai découvert récemment à quel point cette question, qui jusque-là me volait un peu au-dessus de la tête, était essentielle : qu'elle soit posée avant une simple méditation ou une cérémonie chamanique, c'est elle qui guide et sacralise la démarche spirituelle. Qui nous permet d'ancrer notre attention. Qui nous responsabilise quant au travail que l'on s'apprête à faire. La plante va nous aider, mais elle ne va certainement pas faire le taf à notre place, et si l'on aborde le processus de façon passive, comme un « client », il n'en ressortira pas grand-chose.

Alors ? Quelle est mon intention ce soir ? J'ouvre mon beau cahier, qui ne me quitte jamais quand je travaille avec Eduardo. Je tourne les pages ici et là, je relis des paragraphes écrits lors de cérémonies précédentes. Mon attention est tout de suite captée par une série de notes, à propos d'une problématique qui agite beaucoup ma vie sentimentale ces dernières années : la gestion de l'énergie sexuelle. Ou comment ne pas me laisser mener par mes pulsions et mes attirances physiques dissociées de sentiments. Bref : comment ne pas réitérer la débâcle Caroline. Alors je formule l'intention d'apprendre à faire « remonter » mon énergie sexuelle, c'est-à-dire à ne pas la gaspiller dans des rapports sexuels et autres masturbations purement hédoniques, mais plutôt à la cultiver, à la transformer en créativité.

Eduardo nous fait signe de nous lever. Il va nous servir à chacun un verre de cet épais liquide violet issu de la mixture de deux plantes amazoniennes : la chakrona, dont les feuilles contiennent de la diméthyltryptamine (ou « DMT »), parfois appelée « molécule de l'esprit » car c'est elle qui altère notre état de conscience et nous donne des visions ; et la mariri, une liane qui contient un alcaloïde végétal nommé harmine et qui a pour effet d'inhiber dans notre corps l'action de l'enzyme monoamine-oxydase, laquelle, sinon, empêcherait les effets de la DMT de se faire ressentir.

Pardon, je t'avais pas prévenu•e que ça allait devenir un peu technique. Attends, je te la fais un poil plus simple, avec des numéros et tout, comme on aimait bien à l'école.

1. La DMT est la molécule qui nous met en transe, qui nous permet d'avoir des visions, qui nous donne accès à de nouvelles perspectives : c'est la molécule dite « psychoactive ».

2. Sauf que le corps humain dispose d'un mécanisme qui inhibe les effets de la DMT en nous lorsqu'elle est ingérée par voie orale. Autrement dit, si je mange une feuille de chakrona, je ne ressentirai rien du tout. Ce qui est fou, c'est que ce système d'inhibition n'existe pour aucune des autres substances connues ayant pour propriété d'altérer notre conscience, qu'il s'agisse de plantes, comme le cannabis ou les champignons, ou de substances de synthèse, comme le LSD ou la MDMA. On sait encore peu de chose sur la DMT, mais certains chercheurs supposent qu'elle serait relâchée dans l'organisme lors d'expériences de mort imminente ; on sait aussi que la pratique yogique ancestrale, consistant à s'isoler dans le noir (traditionnellement dans une grotte) pendant des jours, voire des semaines, a pour effet de relâcher dans notre organisme des surplus de mélatonine (la molécule du sommeil) qui, au bout de quelques jours, vont se transformer en DMT. Notre corps a donc un rapport avec la DMT bien différent de celui qu'il entretient avec les autres substances psychoactives, dans la mesure où il peut non seulement empêcher son effet, mais en produire lui-même sans l'aide d'une intervention externe.

3. La liane de mariri a pour effet de désamorcer le mécanisme de défense interne – l'action de la monoamine-oxydase – qui nous empêcherait de ressentir la DMT.

C'est l'un des grands mystères de l'ayahuasca : s'il y a environ 40 000 espèces de plantes en Amazonie, alors il existerait plus de 1,6 milliard de combinaisons de deux plantes possibles. Comment les indigènes ont-ils pu découvrir qu'en cuisant la liane de l'une avec la feuille de l'autre ils obtiendraient l'ayahuasca ?

Toujours est-il que le résultat de ce grand mystère est un liquide au goût atroce. Goût indescriptible, qui fait frissonner d'avance tous les ayahuasceros.

Nous sommes debout, maintenant, mais nous ne buvons pas encore : nous attendons, en silence, que tout le monde soit servi. Nous formons un grand cercle, qui frôle les murs de la salle et tourne doucement, à mesure qu'Eduardo nous sert. On s'avance vers lui, il nous verse la boisson depuis une sorte de décanteur de vin dans un verre qui ressemble à un shot. Une fois qu'on a eu notre ration, le cérémonial veut que l'on garde le verre rempli dans la main droite, et qu'avec la main gauche on prenne, sur un plateau posé derrière la table, un morceau de fruit coupé : un bout de pomme, d'orange ou de citron, que l'on mangera juste après avoir bu pour tâcher d'oublier le goût infâme du breuvage.

Même si la nuit n'en est qu'à son préambule, Eduardo est déjà connecté au travail : il connaît, ou tout du moins reconnaît, ceux qui ont déjà bu l'aya avec lui ; quant aux novices, il sait qu'il ne les connaît pas. La quantité de breuvage qu'il sert peut varier en fonction du gabarit de la personne, mais ce n'est qu'un facteur parmi d'autres. Ceux qui reçoivent les plus petits verres sont en général les deux ou trois ayahuasceros très expérimentés qui feront office d'assistants pendant la session et qui devront rester en possession de leurs moyens pour aider les nouveaux, ou tout autre participant qui aurait besoin d'être épaulé.

Je checke discrètement qui a eu quoi comme portion. Parfois même, je croise le regard d'un autre mauvais élève, comme moi, avec qui on va se montrer, de loin, nos rations respectives et se faire un clin d'œil ou une grimace en guise de commentaire. Je regarde mon verre : tonton m'a bien servi, dis donc. Il sait, pourtant, que je suis hypersensible au breuvage, que je peux facilement partir vers l'infini et l'au-delà, et que la plante a, par le passé, fait remonter de grosses énergies négatives en moi. Depuis plusieurs mois, d'ailleurs, il ne me servait que des toutes petites doses. J'en conclus qu'il me sent prêt à replonger profondément en moi-même. Ça m'inquiète, je ne suis pas certain de l'être complètement. Mais bon, George est là, alors je sais que même si je percute un iceberg, j'aurai accès au meilleur des radeaux.

Tout le monde est enfin servi. C'est l'heure de la prière. Car il y a une prière, oui. Je ne comprends pas tout, c'est en portugais, mais il est question de Dieu, qui nous guide sur le chemin de la lumière. Et puis le moment fatidique : on boit. Cul sec. S'ensuivent un festival de grimaces et une chorale de « iiiiiiiirk » et de « aaaaakkkhhhhhh ». Chacun mange son morceau de fruit, mais ça ne suffit pas. Certains vont se rincer la bouche aux toilettes, d'autres se laver les dents, d'autres encore ont des bonbons ou des sprays à la menthe… qui ne pèsent pas lourd devant ce goût infernal : âcre, amer, écœurant… Aucun de ces adjectifs ne saurait rendre justice au feu d'artifice de l'enfer qui se déchaîne dans nos bouches après une gorgée d'aya.

Eduardo tamise la lumière et chacun prend place, assis sur une chaise ou sur son lit de fortune, adossé au mur. La cérémonie devra se passer dans un silence total, car il est essentiel d'être concentré pour tirer profit du process. Tout bruit, même le plus infime, peut venir détourner notre attention : l'effet de la plante décuple nos sens, en particulier l'ouïe. À partir de maintenant, nous allons devoir maintenir notre concentration le plus longtemps possible. Je dis « le plus longtemps possible » car viendra sans doute un moment où le breuvage altérera à ce point notre conscience que nous ne pourrons plus rester en méditation.

L'intention et la concentration de chacun jouent dans l'expérience de tous. Pour recevoir au mieux ce que le voyage a à nous offrir, il est important d'être le plus présent possible, d'essayer de ne pas se perdre dans ses pensées, notamment en se tenant assis et droit, et en restant attentif à sa respiration.

Souvent, en début de cérémonie, Eduardo dissèque pour nous le mot portugais « *concentra* », qui donne « *con centra* ». Littéralement : avec le centre. Autrement dit, pour garder une attention soutenue, on doit se maintenir autour de son propre centre, comme des équilibristes.

You talkin' to me?

En ce début de cérémonie, je me sens présent, et pleinement autour de mon centre. Je rentre en méditation profonde au son des musiques enregistrées que nous passe notre chaman depuis son immense bibliothèque de musiques d'ayahuasca. Cette première phase d'écoute va accompagner la montée de « *borrachera* » – l'état spécifique d'altération de conscience procuré par l'ayahuasca.

Les premières minutes, je me concentre sur l'air froid qui entre dans mes narines et l'air chaud qui en ressort, puis j'enchaîne sur un scan corporel, comme je l'ai appris lors de mes retraites Vipassana, en balayant mon corps de haut en bas et de bas en haut pour ressentir les multiples sensations physiques qui me traversent et ancrer mon attention. Puis, au bout d'une bonne demi-heure, je sens une forte énergie monter en moi. J'ai froid, j'ai besoin de m'allonger. Je quitte ma chaise, je titube vers mon lit de camp et me glisse dans mon sac de couchage comme dans un cocon.

La montée commence. Et pour monter, ça monte. Mais j'ai l'habitude : il m'arrive régulièrement de ressentir de gros pics, qui redescendent presque aussitôt. Sauf que ce soir c'est différent : ça monte par paliers et ça ne redescend pas. Chaque fois que j'essaye de me rassurer en me disant que ça reste gérable, la plante m'en remet un coup. J'ai beau être immobile, je sens que ça bouge dans mon corps, ça bouge dans ma tête, je vois des flashs de couleur, des images, que j'oublie aussitôt, comme dans un rêve.

La teneur de l'expérience varie énormément d'une cérémonie à l'autre. Parfois, la plante se concentre sur des aspects physiques ou émotionnels qu'elle vient nettoyer – ce fut le cas pour moi lors des premières cérémonies avec Eduardo. Souvent, on est emmené dans une sorte d'étude de nos vies, et l'opportunité nous est offerte d'examiner certaines relations, certaines habitudes, certaines situations d'un œil nouveau. On est aussi régulièrement exposés à des visions, qui peuvent être merveilleuses ou terrifiantes, mais qui ont en commun d'avoir quelque chose à nous apprendre : certains ayahuasceros vont revivre leur naissance, d'autres seront transportés dans une vie antérieure ou dans un genre de jeu vidéo intergalactique, d'autres encore entreront en connexion avec l'esprit d'un animal, ramperont ou voleront. Tout est possible, il n'y a pas de règles : les visions sont parfois de simples couleurs kaléidoscopiques, parfois des images plus nettes. Elles peuvent durer une dizaine de secondes ou plusieurs minutes. Prendre la forme d'images figées ou se dérouler comme un film. Rester ancrées dans notre souvenir, tels des rêves marquants, ou s'effacer aussi vite qu'elles sont venues. De temps en temps, enfin, la plante nous inonde d'un torrent d'amour et de gratitude qui nous encourage à persévérer sur le chemin de l'introspection.

Et puis il y a des jours où de nouvelles connexions se font dans notre cerveau et où la vie semble soudainement bien plus claire. Où la plante nous abreuve d'informations, où elle rentre en dialogue avec nous. C'est le cas ce soir.

Je sais, Dominique, tout ça, c'est perché, mais tu ne pourras pas dire que je ne t'avais pas prévenu·e : j'ai vraiment l'impression, pendant cette première cérémonie, que la plante me parle. Enfin : que l'esprit de l'ayahuasca me parle. Je sais, c'est pas moins perché, mais c'est pas parce que c'est perché que ça peut pas être précis, non ?

C'est évidemment très dur à expliquer, mais il se passe en moi quelque chose d'étrange : j'ai l'intime conviction que les informations auxquelles j'ai accès ne viennent pas de moi ; qu'elles ne sont pas produites par mon cerveau, mais émanent d'une entité extérieure, d'un esprit, que le breuvage me permet de canaliser, et avec lequel je peux communiquer pendant le temps de la *borrachera*. Ce soir, cette entité se fait sentir par flashs. Je peux même la voir, ses yeux en tout cas, jaunes comme ceux d'un serpent, qui me regardent le temps d'un bref instant, avec fixité. Ce qui est fou c'est que je suis loin d'être le seul à faire cette expérience. Tous les ayahuasceros aguerris rencontrent, à un moment ou un autre, cet esprit dont je te parle. Pour eux, pour nous, il porte un nom : on l'appelle « *madre ayahuasca* » (on parle toujours d'elle comme d'une entité féminine, maternelle) ou parfois simplement « la plante ».

Ce soir, donc, la plante me parle. Elle me parle de la vie en général et de ma vie en particulier. Rien n'est linéaire, ce sont des thèmes qui vont et viennent dans une sorte de danse, comme si la plante voulait me faire sentir le lien entre des sujets qui, en apparence, n'ont rien à voir.

Je revois mon enfance. Ma vie d'enfant unique, jusqu'à la naissance de ma sœur quand j'avais douze ans. Il n'y a pas vraiment d'images, plutôt des pensées relatives à la solitude et à l'absence d'un frère ou d'une sœur. Je ne perçois pas de révélation sur cette période, plutôt une conviction qui se renforce. La plante fait souvent ça : agréger les unes aux autres de petites pièces qui, peu à peu, viennent construire un puzzle de compréhension de soi.

L'effet de la plante est doux, à ce moment-là. Je suis incapable de dire combien de temps s'écoule. Une heure, peut-être. Je suis comme bercé par mes réflexions. Bientôt, Eduardo ouvrira une nouvelle étape dans la cérémonie, la plus formelle, la plus solennelle : nous aurons, pour la plupart, atteint le pic de la *borrachera*, et nous nous serons plus ou moins « stabilisés ». Il commencera alors à chanter des chants sacrés *a capella*, des prières dont le but sera de nous connecter au « monde invisible ». Celui des esprits et des énergies. Nous aurons alors interdiction – sauf urgence – de bouger ne serait-ce que d'un iota, que ce soit pour boire de l'eau ou zipper notre sac de couchage, afin de ne pas perturber l'énergie du groupe. Or, pour moi, c'est le moment où le flot d'informations se met à devenir un torrent : tout s'accélère, et j'ai beau être immobile sur mon tapis de yoga, en bordure de salle, j'ai l'impression que mon cerveau se met à télécharger de l'info avec une connexion rapide comme l'éclair.

Soumissions et dominations

Je vois passer en boucle des images du basketteur Kobe Bryant. Je ne sais pas pourquoi il m'apparaît, comme ça, entre la poire et le fromage, et, à vrai dire, je ne me pose même pas la question. Je suis un peu comme au cinéma, là. Il ne me manque plus que le pop-corn.

Nous sommes en août 2020, Kobe est mort quelques mois plus tôt, dans un accident d'hélicoptère, et sa disparition m'a fortement affecté. J'étais un fan inconditionnel : il jouait pour Los Angeles, où j'ai vécu plusieurs années et où mon père a vécu avant moi... L'équipe de Kobe – les Lakers – était l'équipe familiale, si l'on peut dire, celle que mon père soutenait. Kobe, c'était un peu le Maradona du basket, l'enfant prodige. On avait exactement le même âge, tous les deux : il était né en août 1978 et moi en mai, du coup j'avais à son égard un attachement différent de celui que j'ai pu nourrir pour d'autres athlètes qui ont marqué mon imaginaire – comme un Agassi, dont j'avais, adolescent, des posters dans ma chambre et que j'adulais comme un demi-dieu ; ou un Nadal, que j'aime comme les « adultes » aiment des athlètes plus jeunes, avec cette tendresse que l'on ressent pour nos cadets, tout champions qu'ils soient.

Quand Kobe était devenu joueur professionnel juste après avoir fini le lycée, je m'étais dit : « Tiens, si j'étais basketteur, je commencerais ma carrière maintenant. » C'était la première fois que je pouvais m'identifier à un athlète sans le regarder avec des yeux d'enfant. Puis, quand il avait pris sa retraite en 2016, je m'étais dit : « Tiens, si j'étais sportif pro, maintenant ce serait fini pour moi. » Ça peut sembler peu de chose, mais cette identification, augmentée par la concordance de nos âges, avait créé un lien unique dans ma tête et dans mon cœur. À la mort de Kobe, pour la première fois de ma vie, j'ai pleuré à chaudes larmes quelqu'un de « connu » : quelqu'un que je n'avais jamais rencontré pour de vrai. Sa disparition m'a fait comprendre ceux qui avaient pleuré Johnny ou Lady Di, alors que jusqu'ici le phénomène me paraissait étrange.

Depuis mon sac de couchage, toujours immobile et malgré un grand tumulte interne, je repense à une vidéo de Kobe que j'ai vue quelques jours avant mon départ. La vidéo le montre peu de temps après sa retraite, lors d'un match « pick-up » – c'est-à-dire un match amical, non retransmis à la télé. On l'y voit, comme c'est la coutume au basket, en pleine session de *trash talking* : il toise son adversaire, il se moque de lui. Il le domine non seulement sur le terrain, mais aussi verbalement, afin d'asseoir sa supériorité psychologique. En l'occurrence, on l'entend exiger du pauvre joueur à qui revient la tâche impossible de l'empêcher de marquer, de répéter à voix haute la liste des trois plus grands joueurs de tous les temps. Il lui lance : « C'est pourtant pas compliqué, répète la liste : Wilt[1], Mike[2] et moi. » Il insiste : « Allez, vas-y, répète avec moi : Wilt, Mike et moi. » Je ne sais pas pourquoi je pense à ça, mais maintenant ces images se mêlent à des souvenirs de Caroline, de ces moments précis où elle m'a fait comprendre que je n'étais pas à la hauteur. Ces vignettes me viennent comme des flashs : Caroline nue, Caroline me provoquant, Caroline se moquant de moi...

Je vais d'une image à l'autre, par sauts de puce : Kobe s'immisce dans mes pensées sur Caroline et inversement. Je vois Kobe lancé sur le terrain, marquant dans des positions improbables, serrant le poing, dominant totalement toute compétition... Je me revois avec Caroline, nous sommes au lit tous les deux, je suis excité, enjoué même, et elle, d'un coup, me regarde droit dans les yeux et me lance : « Oh ! on dirait un enfant. » Elle cherche à m'humilier, elle cherche à voir comment je vais réagir, et moi je suis désemparé, je ne sais pas quoi faire, alors un mécanisme de défense inconscient se déclenche en moi, je fais comme si je n'avais pas entendu...

Ces images se bousculent dans ma tête quand, soudain, j'ai un déclic, je suis comme fracassé par la compréhension : je vois

1. Wilt Chamberlain, l'homme aux multiples records statistiques, ayant notamment marqué 100 points lors d'un match.
2. Michael Jordan, que je refuse de présenter. Va immédiatement voir des vidéos de lui sur YouTube si tu ne sais pas qui c'est !

ce qui s'est joué avec elle, quelques jours plus tôt. Dans mes tripes, au-delà des mots et pour la première fois de ma vie, je capte : je vois la place de la force, de la domination dans le sexe. Je comprends pourquoi j'étais insuffisant aux yeux de Caroline. Je comprends pourquoi Caroline voulait être dominée.

À quarante-deux ans, allongé sur mon tapis de yoga dans la cambrousse allemande, je découvre ce que c'est qu'un homme qui joue son rôle de mâle alpha dans l'acte sexuel. Qui domine de façon bestiale. Avec sa puissance physique. Je vois cette chose qui est pourtant si évidente pour d'autres : l'envie, chez certaines femmes, de ressentir cette force ; l'envie aussi, chez certains hommes, d'affirmer cette bestialité, cette puissance. La compréhension s'impose progressivement à moi, et ma conclusion, c'est que je me trouve nul ! Tellement nul de ne pas avoir compris tout ça plus tôt ! De ne pas avoir su embrasser cet aspect de ma masculinité. Sans pouvoir l'expliquer avec des mots, je ressens clairement, comme si j'étais désormais capable de voir et comprendre la vie à travers une perspective totalement différente de la mienne, en quoi le fait d'habiter pleinement la polarité de son sexe peut être excitant. Et pourquoi tant de personnes se retrouvent dans ces fantasmes de domination ou de soumission.

Ça fuse de plus en plus, ça va dans tous les sens : Kobe, Caroline, et maintenant des images de détenus dans des prisons américaines… Je ne suis plus trop en mode pop-corn, là, je sens que la plante veut me montrer des choses essentielles, mais tout va tellement vite que j'ai du mal à suivre. Les mini-films s'enchaînent et je les regarde, happé, depuis mon cinéma intérieur. Je ne suis pas propulsé dans mes visions, je reste spectateur du contenu qui défile et même si je ne comprends pas tout, loin de là, une chose m'apparaît évidente : le travail de nettoyage a commencé. Par rapport à Caroline, sans doute, mais pas seulement. Il y a autre chose. Je ne vois pas bien où la plante m'emmène, mais on dirait que le process va bien au-delà de ma Spider-Girl infernale.

J'observe certains schémas, qui se sont répétés dans mes relations intimes ces dernières années et qui ont tous trait aux dynamiques de pouvoir. La plante me donne à voir les jeux de mensonges et de manipulation dans mes relations passées : ces stratégies, conscientes ou inconscientes, qui étaient le fait de ma partenaire, du mien ou parfois des deux. Je vois l'énergie de la séduction, le besoin d'attention insatiable et les tentatives de contrôle de l'autre pour satisfaire ce besoin.

La brève relation avec Caroline m'apparaît comme le condensé des pires aspects de ces jeux de pouvoir dont j'ai été autrefois auteur et victime : une attirance initiale basée sur des critères « objectifs » de statut ou de beauté, permettant de rehausser par association l'image que l'on a de soi ; puis des projections, venant calquer sur l'autre des attentes n'ayant rien à voir avec la vérité de cette personne ; des échanges sans véritable écoute, montrant une incapacité à voir le monde au travers du regard d'autrui. L'inverse de l'ouverture à l'autre. Un égocentrisme poussé à l'extrême. Un manque d'empathie maladif, s'ignorant totalement.

Je ne savais pas grand-chose de Caroline quand je me suis précipité pour la rencontrer. Elle était belle, elle montrait des photos d'elle faisant des postures de yoga et elle avait des centaines de milliers de followers. Il ne m'en avait pas fallu plus pour tisser toute une histoire. L'histoire d'une belle rencontre entre deux personnes aux nombreux points communs ayant à cœur de créer une vraie relation de partage. Une histoire qui n'avait rien à voir avec elle, mais plutôt avec la personne que je voulais qu'elle soit. Une histoire à laquelle j'avais inconsciemment voulu la faire se conformer.

En fait, Caroline était autant yogi que super-héroïne : elle avait construit une image et cela m'avait suffi. L'inverse était certainement valable : elle avait dû me fantasmer d'une certaine manière, sur la base d'une image que j'avais créée plus ou moins consciemment, et quand la réalité avait déçu ses attentes, elle m'avait rejeté.

La déferlante d'informations que m'offre la plante me fait voir clairement l'énergie du narcissisme, si présente dans cette brève relation, et dans les précédentes : l'importance de l'image. Le besoin d'appeler à soi l'attention de l'autre. De contrôler, de dominer. D'avoir le pouvoir.

Je parlerai de tout ça deux jours plus tard avec James, le bras droit d'Eduardo. Une armoire à glace de Slovène, qui m'a souvent aidé à avancer quand j'avais du mal à comprendre pourquoi la plante me faisait vivre telle ou telle expérience. Et James me lancera la phrase qui tue : « Demande-toi pourquoi tu attires ce genre de relations. Car il n'y a pas de hasard. » La réponse est évidemment liée à mon propre narcissisme : à mon besoin, constant et insatiable, d'obtenir des témoignages d'affection de l'extérieur, de briller dans le regard des autres. Cette incapacité pathologique que j'ai eue, pendant si longtemps, à comprendre la perspective et la psychologie de l'autre, trop préoccupé que j'étais par mon bien-être. Cet immense manque d'empathie dont je me suis si souvent rendu coupable sans même m'en rendre compte.

J'ai pris conscience il y a quelques années seulement de mon incapacité à voir la vie autrement qu'au travers de mes intérêts personnels, et ça a été un choc. Parce que, aussi étrange que cela puisse paraître, quelqu'un qui ne pense pas aux autres ne sait pas qu'il ne pense pas aux autres : s'il ne pense qu'à lui, c'est qu'il ne connaît pas d'autre mode opératoire. Bien sûr, la vie viendra régulièrement lui donner le message qu'il manque d'empathie. Et si un jour, par chance, le message est entendu, alors une évolution sera possible.

Quand j'avais treize ans, la fille que je considérais comme ma meilleure amie au collège m'avait tourné le dos du jour au lendemain. J'avais été dévasté et surtout je n'avais pas compris les raisons de ce rejet brutal. Jusqu'au moment où j'avais eu un échange un peu violent avec sa mère, qui m'avait expliqué que le grand-père de sa fille était très malade, qu'elle n'allait pas bien, mais que bien sûr, ça, je ne pouvais pas m'en rendre compte puisque la seule chose qui m'intéressait, c'était ma propre personne. J'avais été choqué. Parce que j'avais compris, à ce moment-là, qu'elle avait entièrement raison – même s'il me faudrait ensuite des années pour bien cerner cette limite en moi et commencer à y remédier. C'était déjà, à l'époque, un refrain que j'entendais souvent, car la question de mon égoïsme revenait systématiquement dans la bouche de mon père. Or, cette mise en garde venue d'une personne extérieure au noyau familial, et surtout avec une explication précise plutôt qu'une série d'exaspérations, avait opéré en moi comme un électrochoc.

À partir de là, j'ai essayé d'apprendre cette chose que personne ne m'avait enseignée et qui vient sans doute naturellement à beaucoup d'enfants, surtout s'ils sont élevés avec des frères et sœurs : faire attention à l'autre. Et je ne l'ai pas fait parce que je voulais être une meilleure personne – du moins au début –, mais par souci égoïste de ne plus être rejeté. Je ne savais pas, alors, que c'était le début d'un long, très long chemin de développement de ma faculté d'empathie.

Allongé dans mon sac de couchage je pense à toutes ces choses, mais l'enchaînement va très vite : ce n'est pas comme si un prof particulier s'installait devant moi et articulait doucement les concepts et les images pour me faire piger le truc, en s'assurant que j'ai tout vu et tout compris avant de passer à la leçon suivante. Mais plutôt comme si la plante me livrait un énorme paquet de compréhension. Comme si elle avait pris la forme du Bip Bip de l'engrenage et qu'elle m'envoyait des dizaines de colis à la minute, que je déballerais plus tard, si seulement j'arrivais à les attraper au vol. Autrement dit, dans un moment pareil, il est tout simplement impossible de se souvenir de tout, et ce que je relate concerne seulement les paquets que j'ai réussi à sauver de l'avalanche.

D'ailleurs, sur le coup, j'ai à peine le temps de sauter dans ma DeLorean et d'aller inspecter mes relations passées à la lueur de ce que je viens de découvrir, que la plante m'a déjà embarqué ailleurs. Je suis à nouveau propulsé dans une prison américaine. Je vois des colosses noirs, des armoires à glace, des Musclors, qui habitent totalement leur masculinité. Il y a là des hommes en souffrance, enfermés, qui ne peuvent compter sur la moindre forme de tendresse puisque l'univers où ils évoluent est régi par l'impératif de survie. Par la loi du plus fort. Par la domination et la soumission. J'observe ces images de l'extérieur, je suis toujours devant mon écran magique. Je me demande simplement pourquoi elles me viennent. Tiens, c'est vrai, ça. Pourquoi ces images me viennent ?

Sans le savoir, comme si j'avais frotté la lampe d'Aladin, j'ai posé une question à la plante. Et la plante me répond immédiatement, sous la forme d'une pensée qui semble surgie de nulle part. Elle me dit : « Le rap. »

Alignements

Quoi, le rap ?

Mais si, bien sûr, je sais. J'écoute beaucoup de rap. Et pas que du rap mignon. Non, du rap énervé, qui glorifie l'énergie de la violence et de la domination. Tous les jours. Je me retrouve même régulièrement, sans m'en rendre compte, à chanter à voix haute des paroles de Kendrick Lamar sur comment je vais te cambrioler quand tu seras au taf, ou de Cardi B sur comme ta chatte est *basura* (une poubelle, en espagnol) alors que la mienne est *horchata* (de l'orgeat de souchet, me dit Google... apparemment une boisson typique de la région de Valence, en Espagne, qui a l'air délicieuse). Je me suis souvent dit, bien sûr, que ce n'était pas le meilleur truc pour moi de me retrouver avec ce genre de textes tatoués dans le cerveau. Mais là, d'un coup, c'est comme si la plante venait mettre à jour mon système opérationnel. Je comprends que je ne peux plus m'exposer quotidiennement à ce genre de contenu. C'est une nouvelle leçon sur l'alignement : si je veux vivre une vie d'amour, de respect et d'ouverture, je ne peux pas écouter de la musique qui va autant à l'encontre de ces valeurs. Je sais que toute énergie à laquelle je m'expose est susceptible de m'influencer d'une manière ou d'une autre ; que les contenus que je consomme peuvent agir en moi comme des virus mentaux ; que la musique et les films qui veulent rendre sexy la violence et l'agressivité génèrent ce que nous autres engrenagés appelons des énergies à basse fréquence : on ne peut pas régulièrement consommer ce genre de contenus de façon anodine. Car tout nous affecte, le mauvais comme le bon.

Ce soir, le message de la plante est limpide : de la même façon que j'ai auparavant renoncé à la coke ou à la cigarette, il va falloir que j'arrête d'écouter de la musique qui véhicule une énergie de violence et de domination. Je suis confronté, encore une fois, à une vérité qu'Eduardo aime à nous répéter : contrairement à ce que nous pourrions croire, l'évolution spirituelle ne se fait pas en adoptant telle pratique ou en acquérant telle connaissance. Mais plutôt en apprenant à se détacher de ces choses qui nous empêchent de grandir : en lâchant les habitudes qui ne nous servent plus. L'évolution passe par la soustraction et non par l'acquisition.

Les prises de conscience me pleuvent dessus, c'est comme si la plante avait donné un coup de nitro à mon mental. Ça va à une vitesse incompréhensible, je surfe sur une fusée.

J'ai l'impression de recevoir de l'information venue d'ailleurs. C'est une de mes sensations préférées quand je bois l'aya, ces moments où je perçois une explosion de créativité dans mon crâne. J'ai tellement souffert de mon mental dans ma vie, de sa vélocité et de sa négativité. De m'être cru si intelligent pendant mon enfance et mon adolescence, pour finalement découvrir, à l'âge adulte, que cette capacité à associer les concepts et me raconter des histoires complexes, dont j'étais si fier, pouvait devenir la pire des malédictions. Une malédiction qui allait me pousser, des années durant, à me raconter à moi-même que ma vie était nulle et que j'étais médiocre, puis me plonger dans la dépression et me donner des pensées suicidaires.

Alors dans ces moments où je suis bombardé de nouvelles idées et perspectives sur des thèmes tels que mes relations passées, mes habitudes actuelles ou mes automatismes inconscients, où je perçois comme mon cerveau travaille avec la plante, je sens une immense gratitude pour ce mental agile que j'ai tant pu craindre autrefois.

Et puis, surtout, je perçois fort la personnalité de la plante en ce début de cérémonie. À mon émerveillement quant au nombre et à la clarté des idées qu'elle me donne, je l'entends me répondre avec une arrogance teintée d'humour : « Mais, mon coco, tu n'as encore rien vu ! » Elle joue avec moi, elle kiffe mon étonnement, c'est un moment où elle veut m'en mettre plein la vue. Frimeuse ! Elle est drôle, fière et incompréhensiblement intelligente, je sens tout cela…

Tu ne me crois pas, Dominique ? Je te comprends. Moi non plus je ne me serais pas cru.

La surprise du chef

C'est bientôt la fin de la cérémonie. On entre dans la dernière phase, qui est de loin la plus fun : pour beaucoup d'entre nous, la *borrachera* est descendue d'un cran, on a géré le plus dur, c'est un peu l'heure de la fête. Eduardo se met à jouer du djembé comme un dieu, James de la guitare. Ils entonnent tous deux des chants de guérison en portugais et en espagnol. Tout le monde reste immobile et en méditation, mais certains se permettent de bouger un peu sur leur chaise, au rythme de la musique. La plante décuple nos sens, alors la musique nous foudroie, et je pèse mes mots : il n'y a pas un membre de notre tribu pour qui le meilleur concert imaginable ne soit une nuit avec tonton.

Plus de quatre heures ont dû passer depuis la première gorgée d'ayahuasca. Je me lève enfin de mon lit de camp et je retourne m'asseoir sur ma chaise, pour me mêler à l'énergie du groupe.

Bientôt, nous irons manger les délicieuses préparations veggies des cuistos Mirabella et Julian, afin de reprendre des forces. Je suis immergé dans la musique, dans la gratitude d'être là, je ne peux pas croire ma chance. Je pense à tous ces paquets d'informations qui m'ont été livrés et qu'il me tarde de déballer. Et puis soudain, alors qu'Eduardo et James s'apprêtent à suspendre la session, la surprise du chef : je suis pris d'une nausée intense. C'est pourtant rare qu'une purge arrive à la toute fin, comme ça. Merde.

Je sors de la salle en titubant, mon seau à la main. La plante n'en a pas fini avec moi. Elle m'a bien feinté, la coquine. Il y a un truc qui vient de remonter d'un coup dans ma poitrine. Je voudrais vomir un bon coup et qu'on n'en parle plus, mais je n'y arrive pas. En une seconde, je bascule en état d'alerte maximale, en mode survie : je dégaine automatiquement ma bouée de sauvetage pour moments difficiles, à savoir les enseignements de la méditation Vipassana. J'essaye d'observer mes sensations physiques sans y réagir, en me concentrant sur ma respiration. En tâchant de ne pas ajouter à cette douleur des pensées inutiles d'apitoiement sur mon sort – le meilleur moyen d'aggraver mon cas – et en me rappelant que, aussi éprouvante qu'elle soit, l'expérience que je vis est passagère. Mais ça tourne de plus en plus et je sens la panique qui monte. La plante nous fait parfois croire que l'on va vomir, mais si l'on arrive à observer la situation, à être équanime, ce ne sera pas forcément le cas. De toute façon, peu importe : à ce niveau de la compèt, je n'ai d'autre choix que de prendre mon mal en patience.

La *borrachera* monte à son maximum, maintenant la terre tourne à trois cents à l'heure. Je ne peux plus marcher droit… On dirait que la plante veut faire sortir quelque chose qui n'a plus sa place en moi… Je sens que c'est en rapport avec Caroline, mais ça reste flou. Je m'agrippe aux murs, j'ai des sueurs froides… Je suis seul dans ma tourmente, alors que tout le monde s'en est allé vers la salle à manger pour célébrer cette fin de cérémonie. Et je passe un très sale quart d'heure.

Me voilà échoué sur une chaise en bois à côté de la porte des toilettes, dans le couloir froid. C'est le moment que choisit George, tel Batman débarquant dans sa Batmobile, pour venir m'assister. Il s'assied en face de moi, sans rien dire, avec grâce et discrétion. Accroupi, la tête au bord de mon seau, je lui lance un petit : « *Here we are again…* » qui nous fait marrer tous les deux. Il me propose de me lever pour aller prendre l'air. Je tente le coup mais l'ivresse de la plante est si forte que je ne peux pas faire trois pas sans manquer de m'étaler par terre. George me suggère alors de m'allonger et il m'escorte vers la salle de cérémonie, presque vide. Je m'étends sur mon lit de camp, je prie le ciel de me libérer. Et à mon intense soulagement, au bout d'une quinzaine de minutes, le mal redescend. En tout et pour tout, j'ai passé une heure particulièrement chaude, mais on dirait que ça y est, j'ai digéré.

Il est près de 6 heures du mat et je suis lessivé. Même pas la force d'aller manger, alors que mon dernier repas remonte à vingt heures de cela.

Le jour commence à pointer le bout de son joli nez quand je trouve la force de sortir de la salle. Tout le monde est allé se coucher depuis bien longtemps – George aussi, après s'être assuré que je pouvais me gérer seul. Je rêve d'une douche chaude et de quelques heures de sommeil, pourtant je ne suis pas encore prêt à aller dormir. J'ai besoin de mettre mes idées au clair.

Petit rapé entre amis

À quelques pas de moi, en dessous du deck qui surplombe la campagne environnante, nous donnant l'impression d'être seuls au monde, je vois Albert, le frère de la cuisinière Mirabella. Albert est un ayahuascero expérimenté et il fait partie des *helpers*. En gros, il est de garde : si quelqu'un, novice ou pas, a besoin d'assistance pendant la cérémonie, il lui viendra en aide. Cette semaine, il travaille aussi en cuisine, et il finissait de tout ranger pendant que moi j'étais encore en train de regarder le plafond dans la salle de cérémonie. Albert est grand, mince, discret. Et drôlement beau. C'est, lui aussi, un engrenagé de la branche intello-jean-baskets. Il ne se fait pas remarquer mais, si on y prête attention, on note que, l'air de rien, comme Mirabella, il est presque tout le temps en train de faire quelque chose pour la communauté. Toujours avec le sourire, avec humilité, avec générosité. Le genre de personne dont la simple présence a pour effet de faire fondre ton égoïsme comme du chocolat au soleil.

Je vais m'asseoir à côté de lui. On a fait plusieurs cérémonies ensemble, ici en Allemagne, ces dernières années, et je suis ami avec sa sœur. Mais lui et moi, on ne se connaît pas vraiment. C'est la première fois qu'on se retrouve en tête à tête.

Assis au coin du feu, sous les oiseaux qui volent en escadrons au-dessus de nos têtes, Albert et moi nous livrons à un cérémonial que l'on connaît bien : le rapé.

Le rapé est une poudre marron, un mélange de plusieurs plantes amazoniennes, contenant notamment du tabac, et que l'on consomme par le nez, en y soufflant la poudre avec un applicateur en forme de V, qui va de la bouche à la narine. J'ai apporté ma fiole : je la tapote pour faire deux petits tas dans ma main – un pour chaque narine –, je remplis l'applicateur avec un des tas. Avant d'ingérer la substance, je formule une intention. Ensuite je me souffle le contenu dans la narine gauche. Même chose pour la narine droite.

Pour les peuples indigènes, le tabac est une substance sacrée, qui met en lien avec le divin. Évidemment, ce tabac-là n'a rien à voir avec le produit industrialisé et toxique que nous connaissons tous. La différence entre le rapé et une cigarette, c'est un peu comme la différence entre une tomate bio et une bouteille de ketchup. Le rapé est souvent consommé dans le cadre des sessions avec Eduardo. Il permet de maintenir une connexion avec la plante, surtout après une cérémonie.

C'est une substance que je connais bien : Eduardo m'en a donné pour la première fois à l'époque où je voulais arrêter la cigarette et le pétard... un peu comme on aurait donné à un futur ex-fumeur des bonbons à la nicotine pour l'aider à supporter le manque. Le rapé m'avait d'ailleurs bien soutenu, à l'époque. Malheureusement, en bon addict que je suis, j'y suis devenu accro et j'en ai consommé, un temps, jusqu'à cinq fois par jour. Pour finalement arrêter d'un coup. Comme si j'allais d'addiction en addiction, en m'efforçant d'en remplacer une plus nocive par une moins nocive, et ainsi de suite.

C'est d'ailleurs ce processus que souligne l'étude sociologique et scientifique des addictions : au-delà de tel comportement répétitif ou telle substance toxique, les personnes sujettes aux addictions sont avant tout accros au fait d'être accro. Autrement dit, l'élimination d'une addiction mènera souvent à la naissance d'une autre. Il est, certes, salutaire de remplacer une addiction nocive par une autre qui l'est moins, et c'est indéniablement un pas dans la bonne direction. Mais, si l'on veut se débarrasser du comportement addictif en général, il ne s'agit pas tant de nous concentrer sur une substance ou une tendance (cigarette, sucre, téléphone, jeu, rapé...) que de creuser jusqu'à la source et de trouver ce qui a donné naissance à la tendance en question.

Dans son ouvrage de référence intitulé *In the Realm of Hungry Ghosts*, l'expert en addiction Gabor Maté explique que l'addiction – qu'il définit comme un comportement conférant un bienfait immédiat mais créant un problème sur le long terme – est une réponse à un manque d'amour ressenti pendant l'enfance. Qu'elle résulte de la déduction, faite par l'enfant tout petit, qu'il devra se fournir à lui-même l'attention qui lui fait défaut. Cette réponse aura un impact spécifique sur ses circuits neuronaux, notamment ceux liés à la récompense et au plaisir, ce qui explique pourquoi les addicts se réfugient si facilement dans des activités susceptibles de leur apporter leur dose de dopamine. Le problème étant qu'il faudra, peu à peu, augmenter la dose pour obtenir un même effet, ce qui aura, à terme, un impact nocif sur la vie du sujet.

En lisant Maté, alors qu'il évoquait le parcours de personnes très fragilisées, ayant subi d'horribles sévices durant l'enfance et en proie, désormais, à de terribles addictions au crack ou à l'héroïne, je ne me sentais pas concerné du tout. J'ai eu la chance de vivre une enfance choyée, à des années-lumière de tout ça. C'est en tout cas ce que j'ai cru, longtemps. Puis, en commençant un travail thérapeutique, j'ai pu comprendre que, même si pour beaucoup d'entre nous elles sont moins sévères, nous sommes une grande majorité à avoir éprouvé de réelles blessures de non-amour pendant l'enfance. Des blessures qui continueront à influencer nos vies tant qu'elles ne seront pas comprises et dépassées. Des blessures dont la réalité n'a rien à voir avec l'image que notre enfance peut renvoyer à l'extérieur.

Grâce au travail que j'ai la chance de faire avec un psychothérapeute, mais aussi grâce aux thérapies en groupe auxquelles j'ai participé, j'ai pu réexaminer l'histoire que je me racontais sur mon enfance dorée : déconnecté de mon père, dont je sentais qu'il me rejetait, car il me voyait comme un petit monstre d'égocentrisme et de matérialisme, et sans tissu social, car je n'arrivais pas à me faire des amis, j'ai eu, en fait, une enfance isolée. Qui a créé un terrain fertile pour mes futures addictions.

Aujourd'hui, j'ai peut-être réussi à abandonner la cigarette, l'herbe et la cocaïne, mais le mécanisme de l'addiction est toujours présent en moi et les circuits neuronaux correspondants ont la peau dure : alors, régulièrement, je me trouve en proie à de nouvelles addictions, comme le rapé, justement, ou le shopping en ligne, ou la consommation passive de photos et vidéos sur mon téléphone. Car guérir de l'addiction implique un apprentissage consistant à mieux nous comprendre nous-mêmes : à mieux décrypter les blessures à la base de nos manques et les mécanismes de défense que l'on a développés pour moins les ressentir ; à donner plus d'amour à ces parties de nous, qui en ont tant besoin.

Évidemment le chemin vers la sobriété n'est pas un long fleuve tranquille. Chaque fois qu'on élimine un comportement addictif, si ensuite on rechute, on peut se faire croire qu'on a échoué, ce qui nous dessert. Pourtant, si j'arrête de fumer une première fois, mais que je reprends la cigarette quelques semaines plus tard, je peux, à la place, voir cela comme un moment sur un chemin. Tout est question de perspective, et libre à nous d'adopter celles qui nous seront les plus utiles. Quand j'ai arrêté de fumer la première fois, j'ai pu observer les réactions de mon corps et de mon mental. Cette connaissance m'a aidé, ensuite, à mieux préparer ma seconde tentative, puis à arrêter totalement à mon troisième essai. Je n'ai pas échoué les deux premières fois et réussi la troisième : j'ai progressé vers la sobriété avec des pas en avant, mais aussi des pas en arrière.

Je n'emploie pas le terme d'abstinence, à dessein, et lui préfère celui de sobriété. L'abstinence, selon Gabor Maté, c'est s'empêcher de faire quelque chose. Or l'être humain ne supporte pas la contrainte, et donc l'abstinence comme contrainte auto-imposée aura du mal à s'ancrer dans la durée. À la place, Maté propose de voir le travail autour de l'addiction comme une tentative d'atteindre la sobriété : cet état de liberté où l'on redécouvre qu'on n'a pas besoin de béquille et qui va venir influencer bien d'autres pans de notre existence, comme le savent toutes les personnes qui ont réussi à mettre une dépendance de côté.

Albert et moi restons un moment silencieux. Les yeux fermés, nous nous concentrons sur l'effet du rapé, qui fait temporairement remonter la *borrachera*. Nous sentons l'énergie circuler dans notre corps, la chaleur du feu sur notre peau, le chant des flammes qui crépitent. Au bout de quelques minutes, nous ouvrons les yeux et contemplons la lumière qui grignote la pénombre et les couleurs qui commencent à apparaître dans le ciel. On débriefe la nuit passée. La *borrachera* est retombée, mais l'effet de la plante est encore palpable. Il se manifeste par un calme profond, un ancrage : les mots sont pesés, le débit est doux. L'écoute intense et la connexion entre nous profonde.

Il va finalement se coucher et je me retrouve sur le deck, entièrement seul, cette fois. Je suis assis sur une sorte de chaise longue, au milieu de la nature, avec le soleil qui se lève en face de moi et des oiseaux au-dessus de ma tête, de plus en plus nombreux. Pour la première fois depuis hier, j'allume mon téléphone, et le premier truc que je fais, c'est d'envoyer un message à Jeanne.

Ça me surprend moi-même, c'était pas au programme.

Jeanne

Jeanne est une femme du Nord. Une engrenagée chti. Qui porte une frange. On s'est rencontrés il y a quelques mois, mais on a failli ne pas se rencontrer du tout.

En janvier 2020, je rentrais d'Inde où, pour le nouvel an, j'étais allé faire ma deuxième retraite Vipassana. À Bodhgaya, cette fois, une ville de pèlerinage pour les bouddhistes du monde entier, où l'on trouve l'arbre sous lequel Bouddha aurait atteint l'illumination. À mon retour, je vais à mon studio de yoga, à Paris, et je raconte mon réveillon pas comme les autres au propriétaire des lieux, Dominique[3] : mon coucher à 22 heures le 31 décembre, mon lever avant l'aube le 1er janvier pour la méditation de 4 h 30, comment je me suis silencieusement souhaité bonne année quand je me suis croisé dans le miroir avant le petit déj… Ma chronique de l'engrenage le fait marrer, il n'a jamais fait Vipassana mais il est curieux. D'ailleurs, il

3. Oui, pardon, Dominique, je sais que je t'embrouille mais, lui, pour le coup, il s'appelle vraiment Dominique ;).

a récemment rencontré une fille qui organise des séjours en silence. Il faudrait que je prenne contact avec elle, me dit-il, ça a l'air intéressant son truc. Il a oublié son prénom, mais son nom de famille c'est « Dujardin ». Et il ne se souvient plus trop du nom dudit truc, mais ça s'appelle « Le temps du silence », ou quelque chose comme ça. Moi, ça m'intrigue, alors je note « Dujardin » et « Le temps du silence » dans un coin de mon carnet.

Et puis j'oublie, je passe à autre chose. Jusqu'au moment où, un mois plus tard, j'arrive à la fin de mon carnet et, une fois n'est pas coutume, je le feuillette méticuleusement avant d'en entamer un nouveau. Je retrouve l'indice que je m'étais laissé sur un coin de page, et en deux-trois clics je tombe sur Jeanne et le mouvement qu'elle a créé, qui s'appelle en fait « Silence ». Je l'ajoute sur Facebook et on commence à se parler. Je regarde ses photos. J'aime pas les franges. Elle me propose d'aller prendre un café. Ouais, d'accord pourquoi pas ? J'aime pas les franges, mais bon, ça a l'air intéressant, ses séjours.

Le confinement arrive, le café est reporté, on n'en reparle plus. Quand vient le déconfinement, elle me propose de venir à l'une de ses retraites. J'en fais une, puis deux. J'adore. C'est un peu comme Vipassana, mais en bien plus à la cool, avec des massages, des balades dans la nature, et des buffets végétariens délicieux. On parle d'organiser un séjour ensemble, bientôt. Il n'y a pas d'ambiguïté entre nous. Moi je suis encore dans mes histoires avec Bella, et puis, j'aime pas les franges. Mais bon, quelques semaines plus tard, quand ça se finit pour de bon avec Bella, je me dis quand même : « Mon Jo, ce serait bien que tu te mettes avec une fille comme Jeanne, qui s'intéresse aux mêmes trucs que toi, non ? » Alors je vais la *stalker* sur Insta et, trois secondes après, je vois une story d'elle où elle est accrochée au cou d'un grand bellâtre. Non seulement elle porte une frange, mais en plus elle a un mec ! Nan mais le culot de la meuf !

Plusieurs mois passent, on devient potes, le projet de séjour commun se précise. On se raconte un peu nos vies et je lui parle de l'ayahuasca. Et puis, juste avant que je ne décolle pour ma colo chamanique, elle me demande si elle peut participer à la prochaine cérémonie avec Eduardo, en septembre, dans un autre lieu ; et alors que le groupe semblait au complet, l'organisatrice lui dégote une place in extremis. Je pars donc en Allemagne en me disant que la prochaine fois que je boirai l'ayahuasca, Jeanne sera là. Je sais aussitôt que notre amitié bourgeonnante va prendre un sacré coup de boost, parce que ça crée de l'intimité de vomir ensemble dans des seaux. Et puis, cerise sur le welsh, juste avant de décoller, je comprends qu'elle n'a pas de mec, et que le bellâtre, en fait… c'était son frère.

Bon, d'accord, elle a une frange… Mais faut dire qu'elle est plutôt très cool.

Tout ça pour t'expliquer que quand je lui écris, direct au petit matin, je m'étonne moi-même, parce que ça rend ma tentative de sortie de la friendzone plus directe que je n'avais imaginé. Mais je suis encore dans le flow et je ne me pose pas trop de questions. Je pense au fait qu'elle aussi va bientôt rencontrer la plante, et j'ai envie de lui dire, comme un teaser, que la nuit était incroyable, que j'ai hâte qu'on partage cette expérience ensemble.

Plus tard, vers 9 heures, je titube jusqu'aux douches communes. L'eau brûlante m'enveloppe comme un cocon, et comme à chaque fois que je me lave, je dis mes « gratitudes », c'est-à-dire que j'énonce à voix haute une demi-douzaine de choses qui se sont passées depuis ma dernière douche, pour lesquelles j'éprouve de la reconnaissance, afin de renforcer la capacité naturelle de mon cerveau à créer des moments de bonheur[4]. Pour le coup, ce n'est franchement pas difficile, il y a tellement à dire... Je monte péniblement les marches vers ma chambre. Je suis au bout de ma vie, plus qu'à 1 % de batterie, mais le tourbillon de mes pensées est si puissant que je n'arrive pas à trouver le sommeil.

Je tourne dans mon lit. Je me refais le film de la nuit... J'ai des pensées pour mes rappeurs préférés, Kendrick Lamar et

4. Voir *Les Antisèches du Bonheur* pour plus d'explication sur le phénomène de neuroplasticité et la pratique de la gratitude.

Eminem, qui me fascinent tous les deux par leur talent, leur flow, leur coolitude… Je sais que je vais leur dire au revoir, bientôt, mais j'ai une gratitude de ouf pour tout le kif qu'ils m'ont donné. Je pense à Jeanne aussi… et c'est elle que j'ai en tête quand, au bout de deux heures à gigoter, Dieu merci, je trouve enfin le sommeil.

JOUR 2
Mourir sur scène

Breaking Good

Deuxième jour au camp de vacances allemand de la branche mystico-brésilienne de l'engrenage. Il doit être midi quand je sors de ma chambre. Je n'ai dormi que deux petites heures. Je déambule dans le centre et je croise mes co-engrenagés. Certains méditent, d'autres papotent, d'autres, encore, font vaguement bronzette.

J'anticipe déjà la cérémonie de ce soir. Boire l'ayahuasca deux soirs de suite, c'est un sacré truc : il faut de la motivation pour retourner dans l'œil du cyclone après un premier envol suivi d'une courte nuit. J'ai un peu peur des émotions négatives que la fatigue est susceptible de réveiller en moi, alors je tâche de me ménager. Il reste trois sessions encore – putain, trois sessions –, et il va falloir que je tienne. Mais, à ce stade, je ne réalise pas encore ce qui m'attend. Heureusement.

Il m'est arrivé à plusieurs reprises, au cours des six dernières années, de boire l'ayahuasca plus de quatre jours d'affilée : en 2017, je suis allé participer à la préparation du breuvage chez Eduardo, au Brésil, où la production et la consommation d'ayahuasca sont légales. On appelle ça faire *feitio*. Le centre d'Eduardo se situe près de la ville de Maceió, sur la côte Atlantique, en bordure d'une favela. Il donne sur la forêt. Des cérémonies s'y déroulent tout le long de l'année, mais c'est avant tout un lieu où l'on prépare la potion magique pour les sessions que notre chaman organise à travers le monde. L'espace principal de ce centre est l'équivalent d'une cuisine ouverte, sous une paillote : une cuisine pas comme les autres, composée de trois immenses trous cylindriques où viennent se glisser des marmites grandes comme des tonneaux, sous lesquelles se déchaîne un méchant feu. À part ça, le centre est une sorte de camping : une grande salle ouverte, elle aussi sous un toit de paille, où se déroulent les cérémonies, mais qui fait également office de dortoir puisqu'elle accueille, durant le *feitio*, certains des membres de notre tribu qui dorment sur des matelas de fortune ; une cuisine (une vraie), une salle à manger, deux autres dortoirs, un pour filles, un pour garçons, des douches et toilettes communes, des tentes érigées par-ci par-là, et partout alentour, de la nature, beaucoup de nature.

Pour le groupe formé autour d'Eduardo, *feitio* se déroule deux à trois fois par an et dure entre une et deux semaines, selon la quantité de plantes disponibles et le rythme de préparation.

Auparavant, Eduardo et quelques proches se seront rendus au fin fond de l'Amazonie pour récolter la liane de mariri. Les feuilles de chakrona, elles, sont cultivées à même le centre. *Feitio* consiste dans le lavage, le découpage et la cuisson des plantes, puis la mise en bouteilles du breuvage. Le produit final est un liquide archi-concentré, qui se conserve longtemps. Il faut donc des quantités astronomiques de plantes pour alimenter plusieurs mois de cérémonies, et notamment des milliers de feuilles de chakrona. Chacune d'elles est lavée à la main, et la cuisson des feuilles et des lianes est aussi lente qu'elle est délicate. *Feitio* est donc un énorme travail. Qui dure le jour et la nuit, avec seulement quelques heures de relâche avant et après le lever du soleil. Et je ne parle même pas des tâches liées à la gestion des troupes – quarante personnes venues exprès pour cette préparation, parfois plus. C'est titanesque.

Il y a un contingent de Brésiliens, membres du centre, mais aussi des étrangers, comme moi, qui ont rencontré Eduardo lors d'une cérémonie en Europe ou au Mexique. Notre point commun à tous est d'avoir fait du travail avec la plante un axe majeur de notre chemin d'évolution spirituelle et d'avoir décidé de passer à la vitesse supérieure en venant mettre la main à la pâte.

Feitio est un moment particulier car les participants y boivent l'ayahuasca chaque soir. Le lavage, le découpage et la cuisson des plantes se font sous l'influence du breuvage, ce qui n'est pas anodin : on considère que l'ayahuasca n'est pas seulement le mélange de deux plantes, mais aussi le fruit des vibrations de ceux qui la préparent.

Oui, je crois que ça, c'est une graine de cardamome difficile à avaler, mais je t'ai prévenu•e que je te disais tout, non ?

Pendant *feitio*, chacun fait face à ses problématiques personnelles, ses jugements, ses peurs, ses impuretés, ses limitations... Et ce process va s'intégrer dans la préparation finale. C'est pourquoi, régulièrement, Eduardo et ses musiciens jouent de la musique autour des marmites : c'est une manière de sacraliser le breuvage et d'augmenter sa fréquence vibratoire.

Lors de mon premier *feitio*, qui a duré douze jours, j'ai bu l'ayahuasca douze jours consécutifs. Au bout du troisième, j'étais déjà au bord du K-O. technique. C'était une expérience incroyablement difficile. Non seulement je me sentais propulsé dans un véritable *boot camp* spirituel mais, comme j'ai du mal à trouver le sommeil quand je bois l'aya, je ne dormais quasiment pas. Sans parler du travail manuel, ni des tensions qui peuvent survenir dans un tel groupe vivant en vase clos.

Chaque fois que je pense à *feitio*, ça me rappelle la série *Breaking Bad*, où Walter White, le prof de chimie, devient du jour au lendemain le Joël Robuchon de la production de méthamphétamine. Sauf que là ce serait plutôt « Breaking Good ».

Maceió parano

La deuxième session de ma colo magique arrive vite, à coups de siestes semi-fructueuses et de conversations ici et là. On se retrouve tous vers 22 heures dans la salle de cérémonie. Comme la veille, Eduardo prend la parole avant que l'on ne boive. Mais, cette fois, son discours est plus court : même s'ils sont loin d'être au bout de leurs surprises, les novices savent un peu mieux à quoi s'attendre. On est déjà rentrés dans le vif du sujet. Ce soir, on approfondit.

Notre chaman commence par nous relater l'histoire du travail avec la plante, qui existerait depuis 3 000 ans avant Jésus-Christ, mais qui aurait quasiment disparu avant de réapparaître il y a à peine deux siècles. Chaque fois qu'Eduardo raconte cette histoire improbable, ça me rappelle celle de la technique de méditation Vipassana, créée par Bouddha il y a 2 500 ans, disparue à peu près partout dans le monde pendant des siècles et resurgie grâce à des sages comme S. N. Goenka, qui la diffusèrent à nouveau. Goenka venait de Birmanie où, à l'inverse de l'Inde, la technique avait été préservée et où elle avait fait l'objet, des siècles durant, d'une transmission de maître à disciple.

Tonton magique poursuit en expliquant que la plante nous donne accès à « une bibliothèque universelle où toutes les mémoires sont stockées ». J'aime bien cette idée d'un *cloud* de *data* infinies. Ça me parle fort, car j'ai souvent eu cette impression en cérémonie – et rarement autant qu'hier soir – de télécharger en moi des informations venues d'ailleurs.

C'est l'heure. Tout le monde debout, on se met en cercle. Notre barman intergalactique va nous servir notre verre. Quand arrive mon tour, il n'y va pas de main morte, j'ai droit à une maxi *cup*, la plus grosse qu'il m'ait servie depuis bien longtemps. Il a sacrément confiance, dis donc. Je n'ai pas bu un verre pareil depuis deux ans, date de mon immense pétage de plombs, au Brésil, lors de mon deuxième *feitio*.

C'était six mois à peine après le premier, dans le même centre, à Maceió. Cette fois, j'étais venu avec Bella. Nous nous entendions à merveille tous les deux, pourtant, depuis le début, quelque chose en moi savait sans vouloir se le dire que la relation était vouée à l'échec. Nous avions beau avoir une forte complicité, nous n'aspirions pas aux mêmes choses, nos visions de la vie semblaient incompatibles. Mais nous passions d'excellents moments, tout mon entourage l'adorait et, surtout, j'étais très, très attiré par elle. Comme d'hab.

Déjà, lors de mon premier *feitio*, alors que Bella et moi ne nous voyions que depuis quelques semaines, j'avais cru recevoir de la plante le message que ça n'allait pas le faire, elle et moi. Je sentais que le sexe était l'énergie dominante entre nous, que tout le reste passait au second plan. La plante m'avait donc mis un gros warning : cette relation hédonique n'était pas alignée avec mon intention d'évoluer spirituellement. Sur le coup, j'en avais parlé à Eduardo et James, leur expliquant mon intention d'écouter ce que j'étais sûr d'avoir entendu et de mettre un terme à la relation dès mon retour. Ils m'avaient mis en garde, alors, contre mes propres projections : tous les ayahuasceros sentent que la plante leur délivre des messages. Qui prend l'ayahuasca ne serait-ce qu'une fois fait ce constat étrange et fascinant. Mais, si l'on pouvait s'en remettre totalement aux informations reçues lors d'une cérémonie, ce serait trop simple. Les ayahuasceros aguerris savent que, parfois, ce que l'on croit être un message de la plante ne l'est pas ; que c'est notre ego qui nous parle. Et un élément majeur du travail avec l'ayahuasca, que l'on perfectionne grâce à l'expérience, consiste justement à faire le tri dans les informations reçues : à démêler les visions réelles des simples projections.

Dans le doute, Eduardo et James m'avaient donc conseillé de ne pas prendre de décision précipitée et de ne pas rompre. Conseil que j'avais été plus que ravi de suivre. Je tirais tellement de plaisir de ma relation avec Bella que je n'avais aucune envie d'y mettre un terme.

Plus tard, quand je l'avais emmenée boire l'ayahuasca pour la première fois, en Belgique, j'avais à nouveau entendu la plante me dire que nous n'avions rien à faire ensemble. Ce coup-là, j'avais ignoré l'information – mais, au passage, j'avais quand même failli péter un câble. En pleine cérémonie, je m'étais senti comme envahi par des esprits maléfiques et j'avais vrillé en totale parano : j'avais des images d'inceste plein la tête, je croyais devenir fou. Je commençais à remettre en question l'aptitude et les intentions d'Eduardo, à douter du bien-fondé de son travail… Au bout de quelques heures, j'étais prêt à tout pour m'enfuir de ce cauchemar. J'avais même envisagé de voler la voiture de mon amie Léa pour m'échapper du centre en pleine nuit, avec la ferme intention de ne plus jamais revoir mon chaman et sa bande. J'avais heureusement réussi à redescendre, notamment grâce à George : il m'avait calmement expliqué qu'affronter le négatif en moi faisait partie du travail de la plante ; que nous avions tous beaucoup de choses « stockées » en nous et que, entre les blessures transgénérationnelles dont j'avais pu inconsciemment garder la trace et les images de violence enregistrées en moi du simple fait d'en avoir été le témoin volontaire ou involontaire, il y avait de quoi expliquer ce sale moment (je veux dire : à combien de scènes de mort, de torture et d'agression ai-je assisté dans ma vie au travers des infos, des films ou encore des jeux vidéo ?). Mais ce n'était qu'un sale moment nécessaire : non, je n'allais pas devenir fou.

Et non, en effet, je ne l'étais pas devenu. J'avais fini par revenir. Mais cette crise m'avait laissé comme une cicatrice. Et avait creusé une première brèche dans ma confiance en l'ayahuasca.

Trois mois plus tard, malgré tout, j'étais retourné au Brésil avec Bella, pour *feitio*. Et ça avait été terrible. Le rythme était épuisant, je ne dormais pas plus d'une heure par nuit et je me prenais régulièrement de grosses « claques nettoyantes » de la plante. Un enfer. Pour couronner le tout, Eduardo avait invité un chaman indigène d'Amazonie, Iko, qui avait partagé avec nous, plusieurs soirs de suite, ses chants médicinaux. Un petit bout d'homme indien respirant la douceur et la sagesse, mais qui, comme dirait Lauryn Hill, nous tuait doucement avec ses chansons. Car ses chants, contrairement à ceux d'Eduardo, n'avaient ni musicalité ni mélodie. Ils étaient répétitifs comme des mantras, et la manière dont Iko les hurlait sans relâche nous donnait à tous l'impression d'un marteau-piqueur chamanique. Aucun des participants ne semblait les apprécier, mais peu importait, car leur raison d'être était ailleurs : ils avaient pour fonction de faire ressortir les énergies négatives stockées en nous. Si les chants d'Eduardo avaient tendance à nous guider vers la contemplation de nos blessures et la célébration de la vie, ceux d'Iko tendaient plutôt vers l'exorcisme.

Alors qu'Iko n'avait, disons, que « raisonnablement » chanté pendant la semaine, le dernier soir de *feitio*, la scène était à lui. Et il allait nous assener ses coups durant des heures. Au début, j'étais simplement un peu agité. Mais, au cours de la soirée, cette agitation s'était transformée en une peur gigantesque, la plus grande terreur de ma vie. En pleine *borrachera*, j'avais été à nouveau assailli d'images atroces. Lorsque j'essayais d'y échapper, elles revenaient en force. Les chants d'Iko ne faisaient qu'intensifier ces images terribles, je sentais qu'il y avait un rapport direct entre ses hurlements et mon supplice. À mesure que les images m'attaquaient, je me persuadais qu'il y avait une graine de folie en moi et que les chants du chaman étaient en train de la faire grandir. J'allais perdre la tête, j'en étais certain. Je commençais à imaginer mon suicide. Il m'apparaissait peu à peu comme le seul moyen d'échapper à cette graine de folie que je sentais grossir à l'intérieur de moi, comme une pastèque. J'étais terrorisé, je voulais qu'Iko s'arrête, je n'en pouvais plus…

Alors j'avais tenté un truc inédit, un truc que je n'aurais jamais osé faire jusque-là : en pleine cérémonie, j'étais allé demander de l'aide à James – ce qui revenait, en gros, à sortir le bras droit du chaman de la session. Il avait paru plus que surpris, et même un peu sur le cul. Sachant que j'étais expérimenté, il ne pouvait clairement pas s'attendre à un tel comportement de ma part. Je l'avais vu irrité, d'abord, puis alarmé, au point qu'il avait fini par retourner dans la salle, pour chercher Eduardo.

Eduardo était venu à son tour me retrouver dehors, dans l'endroit le plus éloigné d'Iko que j'avais pu trouver. Il avait commencé à me parler pour me calmer, mais je l'avais interrompu direct sous le regard mi-stupéfait, mi-exaspéré de James : il fallait qu'ils comprennent ce qui était en train de se passer, bordel, qu'il y avait cette graine de folie en moi, qu'elle grossissait à mesure qu'Iko chantait, qu'on devait le faire taire à tout prix ! Je suppliais Eduardo : il fallait que ça s'arrête, vraiment. À cet instant, j'étais persuadé que mon chaman avait commis une faute grave en faisant venir cet autre maître de cérémonie. À cause de ça, à cause de lui, j'allais me suicider et tout le travail du groupe allait en être affecté.

Je ne me souviens pas de ce qu'il essaya de me dire, je sais juste que je me sentis totalement incompris et que l'aparté avec lui fut aussi infructueux qu'avec James. Et pendant ce temps le monde s'écroulait autour de moi. C'était ma dernière nuit sur terre. J'en étais convaincu.

J'avais fini par m'éloigner encore, allant jusqu'au parking du centre, envisageant à nouveau de m'enfuir, cette fois à pied et en pleine nuit, dans la dangereuse favela. Et puis j'avais aperçu George, qui s'était esquivé de la cérémonie pour venir prendre un thé dans la cuisine, et je lui avais littéralement sauté dessus, le suppliant de m'aider.

Il m'avait emmené dans sa voiture, avait fermé les portières, mis une musique douce afin de noyer les chants d'Iko. Il s'était mis à me coacher. Respire, Jonathan. Des heures durant, dans la voiture, d'abord, puis de retour à mon spot en plein air, il était resté à mes côtés. Il s'était montré d'une force et d'une patience incroyables, me rassurant tandis que je m'enfonçais dans ma terreur, que j'accusais Eduardo d'être irresponsable. Après tout, on ne savait pas qui c'était, cet Iko, si ça se trouve il était dangereux ! Je m'en prenais même à George, l'accusant de ne pas vouloir ouvrir les yeux et d'être aveugle aux manquements d'Eduardo. Mais lui continuait de m'écouter. Et dans ma tête les images terribles continuaient de me terrasser. Si par miracle je survivais jusqu'au lendemain, cette nuit atroce allait me laisser des séquelles mentales indélébiles, c'était certain.

Et puis, après six heures de cauchemar qui parurent durer trois vies, le soleil finit par se lever. Et la *borrachera* par redescendre. J'entrevis la lumière au bout de mon tunnel infernal.

De retour en France et les semaines passant, je ne parvins pas à trouver, malgré tous mes efforts, à quoi ce cauchemar avait bien pu servir – sinon à me faire ressentir pour George plus d'amour et de gratitude que je n'en avais jamais éprouvé pour personne. Après l'épisode, je restai convaincu qu'un truc dangereux sommeillait dans mon cerveau et que ce truc risquait de grandir au contact de l'ayahuasca. Quelque chose s'était cassé entre Eduardo et moi. Quand je revins boire la plante six mois plus tard, après une période de distance, je ressentis comme une froideur nouvelle entre nous, très loin de l'intérêt et la chaleur mutuels que nous nous étions toujours manifestés. Et, à partir de ce jour, il ne me servit plus que de petits verres.

Moi je veux mourir sur scène

Ce soir-là en Allemagne, près de trois ans après le fiasco de *feitio*, mon chaman me sert à nouveau un très grand verre, et je ne peux m'empêcher d'y voir un symbole, une page qui se tourne. Bien sûr, je suis saisi par la peur quand je mesure la quantité de potion dans le creux de ma main, mais je sens que j'ai de nouveau confiance en moi, en la plante, et en Panoramix, surtout, qui me pense manifestement capable de faire face.

Étonnamment, la *borrachera* qui suit n'est pas si forte. J'ai peu de souvenirs des images et visions qui me viennent cette deuxième nuit. Je suis moins concentré sur mon processus, plus passif, doucement bercé par mes pensées, et je sens que je m'égare dans diverses élucubrations. Vers la fin de la cérémonie, j'ai un moment de réflexion sur l'intelligence en général, et sur les grandes intelligences en particulier – les Steve Jobs, les Yuval Noah Harari, les Eckhart Tolle. Je pense à tous ces grands cerveaux, qui me fascinent et qui suscitent en moi l'admiration. Car mon ego veut sans cesse que je développe ma propre intelligence et c'est pourquoi je chéris, d'ailleurs, cette sensation de renforcer mes capacités cérébrales que me procurent des expériences comme l'ayahuasca, ou même Vipassana. En bon junkie, plus j'en ai, plus j'en veux.

Régulièrement, j'observe George, qui est assis de l'autre côté de la salle. George est doté d'une intelligence non seulement supérieure, mais aussi multiple : organisationnelle (il gère harmonieusement les cérémonies d'Eduardo en Allemagne), managériale (il dirige des équipes d'ingénieurs dans sa « vraie vie »), émotionnelle (plus besoin de parler de sa capacité d'empathie…), spirituelle (il voit clairement son ombre, il est l'humilité incarnée…), conceptuelle, bien sûr (il est ingénieur), et même linguistique (il parle couramment l'allemand, le slovène, le portugais, l'anglais, et d'autres langues que j'ai oubliées – je parie qu'il est capable de parler le latin en verlan). En remarquant à quel point George me dose sur la puissance de feu neuronale, je me rends compte, soudain, que je ressens de l'envie : je me dis que j'aimerais, moi aussi, amener mon cerveau dans les lieux qu'il fréquente.

Et là, subitement, il se passe un truc terrible : alors que je croyais dialoguer gentiment avec moi-même sur l'intelligence d'un autre, alors que j'étais en train de fantasmer sur la possibilité d'étendre mes capacités neuronales, la plante me propulse à l'intérieur de mon propre cerveau. Et l'information qui s'abat sur moi me dit tout le contraire de ce que j'espère : mon cerveau contient une graine de maladie. Comme une évidence, comme un flash, je prends conscience de ce que je redoute depuis des années : je porte en moi la graine d'Alzheimer.

Putain. J'étais dans un demi-sommeil agréable et on vient de me balancer un seau d'eau glacée à la figure. J'ai l'impression que ma peau devient blanche, que mon corps devient froid, qu'une enclume m'est tombée sur la poitrine.

Alzheimer. J'en sais quelque chose de cette maladie. Je la redoute parce que mon père en est mort. Techniquement, il est mort de la maladie à corps de Lewy, qui en est une cousine. Cela a duré une dizaine d'années. Les premiers temps, il semblait juste étourdi. Puis il devenait clair qu'il y avait un problème, mais on ne savait pas quoi, jusqu'au moment où le diagnostic est enfin tombé. Et avec lui a commencé le compte à rebours vers la fin. Je l'ai vu partir à petit feu. Jusqu'au moment où il ne m'a plus reconnu. Jusqu'au moment où il n'a plus su manger seul ou aller aux toilettes sans assistance. J'ai goûté à l'incompréhension, à la peur et au désespoir. Je redoute Alzheimer car j'ai pu voir comme cette maladie était terrible, non seulement pour celui qui la subit, mais aussi pour les proches qui l'accompagnent. Et puis je la redoute pour moi, pour des raisons héréditaires, pour ces antécédents qui existent tant du côté de mon père que de ma mère – dont la grand-mère en est morte, elle aussi.

À ce moment précis, je ne me demande pas si je suis en train de faire une projection : je suis persuadé – non, je ne suis pas persuadé, je *sais* – que la plante me montre quelque chose de réel en moi. Il est toujours possible que je me trompe, mais ni au moment de l'expérience ni à l'instant où je te la raconte, Dominique, je n'ai douté du fait qu'il y avait un message de l'ayahuasca au sujet de mes propres prédispositions à la maladie d'Alzheimer.

Je suis sûr de l'info que je viens de recevoir. Il y a quelque chose en moi qui sait et qui a toujours su. Mon histoire personnelle avec Alzheimer ne commence pas cette nuit-là. J'ai déjà eu la puce à l'oreille il y a une petite dizaine d'années, après qu'on a diagnostiqué la maladie de mon père, quand j'ai fait le test ADN de la société américaine « 23andMe ». Un peu de salive dans un récipient, et hop, quelques semaines plus tard, je recevais un beau courrier avec toutes sortes de données sur mon profil génétique.

Dans le tas, il y avait des informations sur mes chances de développer certaines pathologies, comme la mucoviscidose ou la maladie cœliaque. Et puis d'autres éléments potentiellement utiles, comme ma prédisposition à la calvitie ou au mal des transports (non et oui, me concernant, et je préfère largement ça à l'inverse !). D'autres, encore plus anecdotiques, comme mon pourcentage de gènes de Neandertal (2 % : en dessous de la moyenne, apparemment), la probabilité que mes joues deviennent rouges quand je picole (nulle) ou encore celle d'avoir un monosourcil (malheureusement, oui… et ça fait longtemps que j'ai arrêté de lutter).

Mais dans ce rapport génétique, que j'avais commandé simplement par curiosité, il y avait aussi une surprise : on pouvait me donner les probabilités que je développe la maladie d'Alzheimer. Cette information ne serait partagée avec moi que si je le souhaitais. À l'époque, ça m'avait glacé le sang et j'avais eu un très mauvais pressentiment. Vu que mon père venait de recevoir son diagnostic et que je voulais fuir cette satanée maladie par tous les moyens, j'avais dit « merci mais non merci », et lâché au passage le reste du foutu rapport.

En cette deuxième nuit de ma folle escapade chamanique, je n'ai, certes, pas encore la confirmation scientifique de ce que je redoute, pourtant je le sais déjà dans mes tripes, dans mon cœur et dans ma tête : il y a en moi une bombe à retardement. Je vais probablement mourir de la maladie d'Alzheimer.

Et là, pour la première fois de ma vie, je contemple ma mort. Je veux dire : pour de vrai. Je la regarde droit dans les yeux.

Comme tout le monde, j'y ai déjà pensé, bien sûr. Mais, subitement, tout devient très réel. Comme si je marchais calmement sur un chemin plat et que je me retrouvais soudain au bord d'un précipice, incapable de bouger, sinon pour orienter mes yeux vers le vide infini.

C'est l'énorme bad. Putain, sympa les vacances. J'ai envie d'appeler au secours, de prévenir quelqu'un... Il faut que je passe un appel à un ami, Jean-Pierre. Je vais mourir ! Vous vous rendez compte ? Sortez-moi de là ! Je ne veux pas !

Tout ça, évidemment, n'est qu'un monologue interne. La cérémonie n'est pas terminée, je suis toujours assis sur ma chaise, je ne bouge pas, je suis totalement silencieux, et heureusement, il y a cette petite voix bien entraînée en moi qui me rappelle de respirer. Doucement, Jo. L'air froid qui entre, l'air chaud qui sort. *Tranquilo*.

Je me rappelle les dernières années de mon père et je m'imagine à mon tour devenir dépendant, amnésique. Perdu à l'intérieur de moi-même. Je m'imagine briser malgré moi le cœur de mes proches. Je me fais tout le film de cette déchéance qui m'attend. Et je m'apitoie sur mon pauvre sort.

Difficile de savoir combien de temps dure ce désespoir. En tout cas, quand la cérémonie prend fin, je suis incapable de croiser le moindre regard, de parler à qui que ce soit. La plupart du temps, lorsqu'Eduardo décide d'interrompre les festivités jusqu'au lendemain et d'inviter tout le monde à venir se restaurer pour reprendre des forces, les gens se parlent les uns aux autres, voire se prennent dans les bras. Mais moi, non, je ne peux pas.

J'attrape mon carnet de notes, mon plaid et mon stylo. Je file dehors retrouver mon deck et ma chaise longue. J'ai besoin de temps, seul. Digérer l'info. J'ai besoin de me parler. Alors je m'installe sur ma chaise et je me parle : « OK, Jo. Qu'est-ce qu'il se passe ? Tu vas mourir. D'accord. Mais on va tous mourir, tu sais. Rappelle-toi cette perle de sagesse que tu as si souvent entendue : on ne peut vraiment vivre que lorsque l'on a accepté de mourir. C'est cette acceptation qui permet de pleinement apprécier ce que la vie offre, ici et maintenant. C'est elle qui nous apprend à ne pas nous attacher et à profondément ressentir la gratitude d'être en vie, aujourd'hui. Tu t'en souviens, de tout ça ?

Tu t'en souviens, oui ou non ?
Eh ben voilà. Applique, maintenant. Accepte.
Essaye d'accepter.
Juste d'accepter.

C'est con, hein. Désormais, tu peux passer de la théorie à la pratique. Oui, mec, comme tout le monde, tu vas mourir. La seule différence, c'est que tu sais de quoi (et encore :

peut-être. Parce que bon, Alzheimer, OK... mais il peut se passer dix mille autres trucs auparavant.)

Et alors quoi, maintenant ? Pourquoi cette info te vient-elle aujourd'hui plutôt qu'il y a dix ans ? Qu'est-ce que tu peux en faire d'utile ? »

Ma petite séance d'autocoaching me fait passer de l'effroi profond à une acceptation timide. Phase 1, check. Je rentre dans la phase 2 : la bataille. Je vais avoir Alzheimer ? OK. Eh ben je vais tout faire pour retarder l'arrivée de la maladie. J'ai lu pas mal d'articles sur le sujet depuis la mort de mon père : je sais que cette pathologie se nourrit de certaines substances nocives, et notamment du sucre. Je pense aux quantités astronomiques qu'en mangeait mon père, surtout dans ses dernières années. J'ai encore en tête ces images de paquets de bonbons Haribo et de plaquettes de chocolat Milka qui emplissaient la maison quand j'étais petit. Je décide d'arrêter de manger du sucre. Pas facile, mais faisable.

Et puis je vais renforcer, aussi, ma pratique de la méditation. Une pratique intensive protège le cerveau, je le sais, les études scientifiques le montrent, ça aussi. J'ai réussi, par le passé, à maintenir un rythme de méditation de plus d'une heure par jour pendant plusieurs mois d'affilée mais, depuis un an ou deux, ma moyenne est redescendue à une vingtaine de minutes quotidiennes. C'est trop peu. Je vais m'y remettre sérieusement. Et puis je vais retourner faire dix jours de retraite Vipassana, tiens. Chaque année ! Et méditer deux heures par jour ! J'écris sur mon cahier : « JO ! Tu dois méditer +. » En immense.

L'herbe, maintenant. Bien sûr, il n'est plus question que j'y touche ! Elle ramollit mon cerveau. Encore une bonne raison d'arrêter. Sauf que celle-là est quand même bien meilleure que les précédentes. Chaque fois que j'ai cessé d'en consommer jusqu'ici, c'était en grande partie par narcissisme spirituel, c'est-à-dire par perfectionnisme quant à l'image que je me renvoyais à moi-même. J'aspirais à être parfait, en tout cas le plus proche possible d'une forme de perfection, croyant semi-consciemment que cette perfection fantasmée me rapprocherait de l'éveil. Là, ma motivation est bien plus claire : je suis terrifié par cette foutue maladie et je vais faire tout ce qui est en mon pouvoir pour m'en protéger. Je vais me documenter, étudier la question, je vais me battre. Je sens que, ce soir-là, je rentre dans une nouvelle phase : je suis de plain-pied dans la deuxième partie de ma vie. Finie, la première, celle de tous les espoirs. Je pense à la formule d'Oscar Wilde : « *Youth is wasted on the young*[5]. » Non, là, ça y est, finie, l'inconscience. Mode tragédie : activé.

5. Difficile à traduire mais l'idée, c'est que donner aux jeunes la jeunesse c'est comme donner de la confiture aux cochons.

Et ce n'est pas tout. Alors que mon mode warrior s'active à son tour (j'en aurais presque les cheveux qui blondissent et se dressent sur ma tête), une autre idée me vient : non, mais c'est bien sûr ! Il n'y a pas de hasard ! Il m'arrive ce qui m'arrive pour une bonne raison, et cette raison, c'est le partage. L'expertise que je suis sur le point de développer sur le cerveau ne va pas servir uniquement à ma petite personne : elle va me permettre d'aider d'autres que moi à faire face au déclin cognitif. Je m'engouffre dans l'enchaînement de pensées qui suit cette idée-là, et doucement je reprends du poil de la bête.

Je pense au fait que mon père ne parlait pas de sa maladie. Je sais qu'il l'a reconnue à demi-mot, devant ma mère, mais devant nous, ses enfants, il ne l'a jamais évoquée. Eh bien moi, pour ma future dégénérescence cognitive, c'est décidé, je ferai l'inverse. Je vais en parler. Contrairement à lui, j'adore décortiquer les situations, je n'ai pas de problème à décrire mes émotions et peu de thèmes me semblent tabous. Non seulement je vais en parler, donc, mais je vais même écrire un livre sur la question ! *Journal intime d'un patient Alzheimer* ! Pour partager, pour aider. C'est bon, ça, comme titre !

Je suis le Lucky Luke des idées de bouquins, je les dégaine plus vite que mon ombre. Ce livre, je le vois : j'y ferai état de découvertes utiles et concrètement applicables permettant d'endiguer le déclin cérébral. Je pourrai y raconter le début de mes pertes cognitives, ce que je ressens, comment je m'adapte, ce que j'envisage pour faciliter la tâche de mes proches, ce que je fais au quotidien pour préserver mes capacités. Je proposerai une approche spirituelle de ma propre transformation. Et, en racontant comment je gère mes défaillances, je donnerai à d'autres l'envie de protéger leurs ressources neuronales. C'est une question qui touche tellement de gens…

Tu l'auras sans doute capté, cher·ère Dominique, je suis alors en plein process : les idées fusent en moi, mon ego commence à se chauffer, il reprend doucement le dessus.

Mon ego imagine un livre important, un succès international, un livre que me rendra immortel… Je vais être un héros !

Lol.

Heureusement, comme dans le génial *Vice-Versa* de Pixar, on est vraiment plusieurs dans mon cerveau, et la partie un peu plus sage de ma personne vient me chuchoter dans l'oreillette : « Jo, calme-toi. Observe ton ombre, observe ton narcissisme, ta mégalomanie. Respire. Ça va aller. »

Drôle comme mon mental a su trouver tout seul une parade. A pu voir comme ce serait rassurant pour moi de m'imaginer en Jules César de l'engrenage. Ce projet de livre, c'est une manière de rationaliser la crainte, de donner un sens à mon angoisse. D'ailleurs, en dépit du fait que j'ai percé à jour mon propre subterfuge, ça a plutôt bien marché. Je me sens déjà mieux. J'ai entrevu la « doublure argentée », comme disent les Américains : à chaque situation ses aspects positifs.

Je reprends mes esprits. Je me rappelle que je ne peux pas changer le passé mais que je peux toujours faire de mon mieux ici et maintenant. Prendre un moment à la fois, step by step. Assez regardé au loin pour aujourd'hui, je n'ai qu'à me concentrer, pour l'instant, sur le chemin éclairé par mes phares. Je respire, je redresse la tête et regarde les étoiles, je sens le vent frais sur ma peau. Ça va vraiment mieux. Je peux fermer mon carnet. Je me lève. Je vais tranquillement casser la croûte.

Je remplis mon assiette de carottes rôties féeriques, de houmous magique et de pain mythologique, puis je retourne m'asseoir dehors avec trois engrenagées allemandes, dont mes amies Esmeralda et Charline, qui sont venues ensemble de Hambourg. Esmeralda est une petite brune germano-brésilienne, une présentatrice de télé assez connue en Allemagne, une énorme bombe et aussi une meuf adorable, qui boit l'ayahuasca depuis très longtemps. Je la côtoie depuis des années. Charline, c'est sa pote qui vient de rejoindre notre crew, ma nouvelle cops de l'engrenage, une artiste un peu tourmentée, tendre, avec qui on rigole bien. Elles me demandent de leur raconter ma nuit, et je sens que je jette un gros froid en leur parlant de ma graine d'Alzheimer. Même si elles s'efforcent de faire bonne figure, je vois bien que j'ai perdu une occasion d'appliquer ce principe que je me répète souvent mais que j'applique encore trop rarement : *No need to share everything.* « Tout n'est pas toujours bon à partager. »

Je sors de table avec l'impression de porter un poids énorme et d'avoir accessoirement plombé l'ambiance. Quand je croise George, on se pose pour notre traditionnel débrief post-cérémonie. Je redoute de lui parler de mes histoires d'Alzheimer, de l'affoler avec mes lugubrités (comment ça, c'est pas un mot ? Ça devrait, franchement). Et, en même temps, je sens que pour une fois je peux lui clouer le bec. Lui qui a toujours réponse à tout, ce coup-ci, il risque d'être à court.

Mais c'est mal connaître la bête. Quand je pose le dossier sur son bureau, George me regarde avec ce sourire doux et discret dont il a le secret, et me dit calmement que si je continue à boire l'aya je n'aurai pas Alzheimer. Que la plante – surtout si on la consomme régulièrement, comme c'est mon cas – a pour effet de faire se régénérer les cellules du cerveau. Il m'affirme qu'elle me protégera. C'est, me dit-il, scientifiquement prouvé. Et là, brutalement, j'explose en larmes. Je pleure de soulagement. Au fond, je cherchais un espoir autre que toutes ces rationalisations auxquelles me raccrocher. Je faisais le beau avec moi-même, mais j'étais terrassé par la peur.

Sur le moment, ma crainte se dissipe. Mais quelques semaines plus tard, quand je raconterai cette discussion à James et Eduardo, ils nuanceront les paroles de George : non, le simple fait de boire l'ayahuasca ne m'empêchera pas de développer la maladie. Mais, si cette maladie est bel et bien en moi, il y a sûrement une signification spirituelle à trouver à sa présence. Et non seulement la plante m'aidera à la comprendre, mais elle me permettra d'aller à la racine du mal.

La nuit a encore une fois été riche en émotions. George va se coucher et je me retrouve à nouveau seul sur le deck, avec mon fauteuil en bois, mon coussin, mon carnet. Comme la veille, des dizaines d'oiseaux volent en formation au-dessus de ma tête, je n'en ai jamais vu autant. Je rallume mon téléphone et je trouve un message de Jeanne, envoyé pendant la cérémonie.

Ça me fait tout drôle. En à peine trois jours, alors qu'on se côtoie depuis plusieurs mois, j'ai l'impression qu'il s'est opéré un changement radical dans la nature de nos interactions. Non seulement une véritable intimité est en train de se créer, mais un élément de séduction a également vu le jour : du mode « tout bien tout honneur », on vient de passer sans transition au mode « anguille sous roche ». Je n'ai pas eu le temps d'y penser, de l'envisager, ça s'est juste fait, naturellement, depuis que l'on sait qu'on ira bientôt boire l'ayahuasca ensemble.

La veille, déjà, je sentais avec elle cette connexion d'un ordre nouveau, sans trop savoir si c'était du seitan ou du soja. Et, ce matin, ça monte d'un cran : il va se passer quelque chose entre nous, j'en suis quasi sûr, désormais. Mais, attention ! a dit mon thérapeute : ne pas « surinvestir la relation ». Je ne vais pas m'emballer, je vais prendre mon temps. Pourtant, c'est drôle, je perçois comme une transition. De Caroline à Jeanne. D'ailleurs j'écris dans mon carnet, à propos de mon sexy bourreau maso : « La meuf qui m'a fait sortir de l'enfance. » Je ne sais pas pourquoi j'écris ça, mais je sens que je suis en train de tourner une page. Il y en a eu, des Carolines, par le passé... Je commence doucement à croire qu'il n'y en aura plus.

JOUR 3
Une nuit en enfer

Let's talk about sex

Je n'ai encore dormi que deux petites heures ce matin, mais ça y est, je suis lancé, la plante me donne de la force : je ne ressens plus aucune fatigue. La journée se passe tranquillement. On *chille* sur le deck, on va au sauna extérieur, on parle spiritualité, on fait des blagues.

Pour la première fois de la semaine, j'ai un long échange avec Eduardo. Il ne parle pas bien anglais, et moi encore moins le portugais, alors comme chaque fois qu'il prend du temps pour me guider, même si j'essaye de communiquer avec lui au travers d'une salade linguistique mixant français, anglais, espagnol et les quelques mots de portugais que je connais, c'est plutôt James qui sert d'interprète. Je leur parle de cette histoire de polarité sexuelle homme/femme, qui m'a tant occupé la première nuit. De cette forte impression que j'ai eue d'être encore un enfant sur le plan sexuel. Du coup je suis un peu obligé de leur raconter l'épisode Caroline. Ça les fait marrer, mes histoires de super-héroïne maso… Puis j'en viens au cœur de mes interrogations et je demande conseil à Eduardo sur la question du masochisme : est-ce que c'est moi qui ai besoin de me réveiller, de grandir ? est-ce que je dois vraiment apprendre à gérer des demandes comme celles de Caroline ?

Eduardo me répond, en gros, que la question n'est pas là, car l'énergie sexuelle est neutre. Qu'elle peut être utilisée pour donner de l'amour ou pour infliger de la douleur. Mais il ne va pas plus loin. J'en déduis que c'est sans doute à moi de trouver mon chemin tout seul...

Alors je vais voir Cobra le Slovène, avec la conviction qu'il est un bon client pour ce genre de discussions. Cobra, c'est l'un des personnages les plus excentriques de la colo. Il fait près de deux mètres, il porte un mohawk[6], c'est un peu le punk de l'ayahuasca. Je l'ai rencontré au Brésil lors de mon premier *feitio*. J'avais été frappé, à l'époque, par son charisme et la profondeur de ses connaissances, mais aussi par son excentricité. Je sais que, comme moi, il a eu un passé un peu rock'n'roll, avec de grosses addictions dont il a eu du mal à se dépêtrer. C'est le cas de nombreuses personnes autour d'Eduardo et autour de l'ayahuasca, mais disons que Cobra est un cran au-dessus des autres.

6. Une crête iroquoise.

Je ne savais pas grand-chose de lui, jusque-là. C'est vraiment pendant cette semaine en Allemagne que je vais apprendre à le connaître. Il va m'insupporter, dans le sauna, à agiter sa serviette comme un grand ventilateur jusqu'à ce que l'atmosphère devienne irrespirable. Il va me faire hurler de rire, avec sa trance psychédélique énervée sur le deck, alors que la seule musique que nous écoutons dans notre petite tribu, ce sont de doux chants spirituello-chamaniques. Et je vais rire, surtout, quand George m'expliquera que Cobra a deux enfants, mais que sa femme, elle, en a trois... Deux, plus un troisième : lui. Encore un point commun avec moi, outre les excès passés et la boulimie intellectuelle : on est, chacun à notre manière, restés un peu dans l'enfance.

Je sais qu'il peut être d'excellent conseil, alors je lui raconte Caroline. Je suis curieux de ce qu'il va me dire. Il m'écoute attentivement, me regarde avec ses grands yeux et son sourire de Joker et demande à voir une photo. J'obtempère. Une partie de moi est fière de lui montrer ma Spider-Girl sexy. Une autre sent fort que non seulement c'est archi-puéril, mais que ce n'est surtout ni le lieu ni le moment. Mais c'est trop tard : ça y est, j'ai fait décoller Cobra avec mes histoires de mannequin cosplay et de masochisme, je ne vais plus pouvoir l'arrêter. Il se lance à son tour dans sa vie d'avant et ses excès de jeunesse, au point que je commence même à me sentir un peu gêné, car j'ai l'impression que nos échanges ne respectent pas l'aspect sacré du process avec la plante. Puis il redevient sérieux et me parle de la manière dont, ces dernières années, il a changé son rapport à l'énergie sexuelle en apprenant à la cultiver comme force de vie plutôt que comme exutoire hédonique, et ce grâce aux enseignements du maître taoïste Mantak Chia. Il me recommande, pour finir, de demander à nouveau l'aide de la plante. Ce soir, donc, je lui formulerai une intention sans équivoque : je veux découvrir une nouvelle manière d'interagir avec l'énergie sexuelle, une fois pour toutes.

Voyage, Voyage

Juste avant de boire, ce troisième soir, je repense à la notion d'art, selon l'auteur allemand Erich Fromm – dont le livre, *L'Art d'aimer*, est une de mes bibles. Je l'ai feuilleté plus tôt dans la journée et je suis retombé sur ce passage magnifique où l'auteur nous explique que tout art a trois piliers : la théorie (ce que l'on doit comprendre) ; la pratique (ce que l'on doit mettre en œuvre) ; et l'intuition (la fusion de la théorie et de la pratique). À ce moment-là, je ne fais pas du tout le lien avec l'ayahuasca, et c'est plus tard, en y repensant, que je verrai à quel point le travail de la plante se prête, lui aussi, à cette définition de l'art.

Lorsque je parle de cet immense travail thérapeutique que permet d'accomplir la plante, souvent on m'objecte que c'est la substance qui fait le taf. Comme si j'embarquais sur des montagnes russes et que je n'avais qu'à attacher ma ceinture. Rien n'est plus éloigné de la vérité : si je devais choisir une image, je dirais que l'ayahuasca nous met au volant d'une Formule 1. Savoir gérer son attention lorsqu'on boit le breuvage chamanique, savoir cueillir les fruits, souvent dissimulés, de l'enseignement du jour, cela demande de comprendre certains concepts sur le fonctionnement de la plante (la théorie) ; d'avoir vécu différents états de perturbation et expérimenté les manières d'y répondre (la pratique) ; et d'avoir développé un instinct nous permettant de mieux conduire notre bolide (l'intuition). En ce sens, c'est un apprentissage qui évolue sans cesse avec l'expérience. C'est un art, et il est complexe.

D'ailleurs, cet après-midi, j'ai pu parler de mon process avec une des personnes qui, dans notre groupe, est indéniablement maîtresse de cet art : Viola, la doyenne de la colo. Un petit bout de femme slovène, coriace, froide au premier abord, pour ne pas dire sévère. Elle doit avoir près de soixante-dix ans. Une sacrée engrenagée, qui a commencé à boire l'aya avant même que je sois né. C'est aussi la mère de George, mais on ne peut pas le deviner tout de suite, car George l'appelle toujours par son prénom.

Ça fait des années que je la croise en cérémonie, mais c'est la première fois qu'elle prend le temps d'interagir réellement avec moi. Comme s'il avait fallu que je démontre mon engagement avant qu'elle ne me calcule. Alors, quand elle daigne me parler, je me tais, je me concentre sur ma respiration et je tâche de ne rien manquer. Elle me rappelle le rôle de l'expérience dans le travail avec la plante et insiste sur cette fameuse distinction entre observation et projection – qui est l'une des grandes thématiques de l'ayahuasca. Chaque ayahuascero sait combien il est difficile de faire la différence entre ce qui vient de la plante comme entité extérieure et ce qui émane de notre esprit.

Je sais, cher·ère Dominique, ce que tu dois te dire : « Donc, Jo, si on résume, la plante te parle, mais tu sais pas si elle te parle. Elle te dit des choses, mais tu ne sais pas ce qu'elle te dit. Parfois, tu crois qu'elle a dit un truc alors qu'elle ne t'a rien dit. À d'autres moments, tu crois qu'elle ne t'a rien dit alors qu'en fait elle t'a dit un truc. Mais alors c'est quoi la différence entre tout ça et ton imagination débordante ? »

Eh bah, la différence, c'est qu'en comprenant la distinction conceptuelle entre observation et projection – la théorie –, en sachant être le témoin de ses propres projections et en se connaissant suffisamment pour savoir se les expliquer – la pratique –, on arrive mieux à faire le tri dans les images et les pensées qui nous traversent lorsque l'on est *borrachera* – l'intuition.

D'ailleurs, ce soir, je ne vais pas être le Picasso de l'ayahuasca, mais plutôt son peintre du dimanche : je vais, et ce ne sera pas la première fois, commettre l'erreur fatale de confondre les projections et les observations.

On est à environ H-3 du mur que ma Formule 1 et moi allons nous prendre. Jusqu'ici, tout va bien, et je suis à des années-lumière de savoir ce qui m'attend. Quand nous sommes tous réunis, à nouveau, dans la salle de cérémonie, Eduardo nous fait son speech apéritif. Il nous rappelle que l'ayahuasca est une plante enseignante, qu'elle a la faculté de nous ouvrir de nouveaux canaux de compréhension. Il insiste sur le fait qu'il n'est pas nécessaire ni même possible de tout comprendre : que parfois, la plante travaille en nous sans qu'on puisse déchiffrer ce qui se joue et qu'il faut alors faire confiance au processus, ne pas tenter à tout prix de rendre l'inconnu connu. Parfois, nous dit-il, c'est l'inverse, la plante nous donne de la lucidité. Mais c'est à double tranchant, car l'information que l'on obtient peut nous apparaître effrayante, voire terrifiante.

Tu m'étonnes.

Comme la veille, il me sert un énorme verre. Je commence la cérémonie sur ma chaise, mais je sens que ça travaille fort dans mon estomac, alors je vais m'allonger sur mon lit de camp. Au début, j'ai quelques visions – je vois des couleurs, des formes kaléidoscopiques –, mais ça ne va pas plus loin. Et puis il se passe un truc inédit. Dhalsim, l'un des assistants d'Eduardo, qui est présent à chaque cérémonie depuis des années et l'un des rocs du travail, entre dans un processus où il ne gère plus rien du tout. Il se trouve qu'il est assis juste à côté de moi, alors je suis aux premières loges pour le voir se rouler par terre et pousser toutes sortes de gémissements. Il semble possédé, hors de contrôle, comme aspiré dans une autre dimension... Dhalsim le yogi, Dhalsim le sage, lui qui est si stoïque et si présent, d'habitude, pour accompagner les novices, je ne le reconnais plus. George se lève pour l'aider à sortir de sa transe, mais rien n'y fait, il est parti pour de bon. Moi, je commence à me tendre, parce que Dhalsim est quand même un repère pour beaucoup d'entre nous. C'est flippant de le voir comme ça. George l'observe en tâchant de ne pas trop intervenir, puis il recule : on dirait qu'il a décidé de faire confiance au processus et de laisser Dhalsim aller au bout de ce qu'il doit vivre.

De mon côté, je referme les yeux et je me parle à moi-même, afin de ne pas me laisser aspirer à mon tour. Je ne le comprends pas bien encore, mais la réaction violente de mon voisin est un signe que l'énergie de cette cérémonie va être particulièrement intense.

Au bout de quelques minutes, j'arrive à nouveau à me concentrer, et ce coup-ci, l'ayahuasca m'emmène en voyage. Sans transition, je pars tout droit dans l'enfance du petit Jonathan. C'est une véritable vision que m'offre la plante, comme je n'en ai que rarement eu auparavant. Je me *vois* enfant, à l'âge de quatre ou cinq ans. Je me vois comme si le film de mon Moi Enfant était projeté devant mes yeux. Je découvre certaines choses que j'ignorais à mon sujet, ou que j'avais oubliées, en tout cas : à quel point je me sentais seul, sans frère, ni sœur, ni amis pour jouer avec moi. À quel point aussi j'étais triste, assoiffé de connexion humaine. Et la plante me fait ressentir cette soif comme si je pouvais la goûter.

On dirait qu'elle veut me faire vivre quelque chose que mon mental sait déjà mais qui, jusqu'à cette troisième cérémonie, était encore abstrait. Petit, j'avais beau chercher le contact avec autrui au-delà du rapport que je nourrissais avec ma mère, je ne le trouvais pas. Mon père n'était pas très présent, j'ai compris tard qu'il ne m'avait pas voulu et, surtout, je me rappelle qu'il était assez choqué de l'enfant gâté que ma mère faisait de moi.

Durant sa jeunesse, ma mère avait souffert du manque de considération de ses parents. Ils lui avaient bien fait comprendre qu'elle avait été un accident, ils la comparaient sans cesse à sa sœur aînée qui était plus grande, plus belle – plus *tout*. Rien de ce que ma mère ne faisait ne suscitait d'encouragement ou de reconnaissance, et elle ne se sentait pas aimée. Une chose était sûre : un jour, elle aurait un enfant et elle corrigerait le tir. Son enfant serait un roi. Elle lui donnerait tout : la confiance, les compliments, les objets. Tout, absolument.

C'était sans compter les séquelles de la blessure de non-amour qu'elle portait en elle. Car de cette blessure était né un mécanisme de défense que l'on pourrait qualifier de narcissique : une peur immense de ne pas connecter, qui pousse certains à adopter inconsciemment des stratégies de contrôle – de leur propre image, du comportement d'autrui – pour se mettre au centre de l'attention et éviter à tout prix l'isolement tant redouté. Mais paradoxalement, bien sûr, ce mécanisme de défense produit l'effet inverse de celui escompté : il perpétue les obstacles qui nous empêchent d'obtenir l'attention, la tendresse et la considération que l'on souhaite si ardemment.

Comme dit Maître Oogway, dans *Kung Fu Panda*, « on rencontre son destin sur le chemin qu'on emprunte pour l'éviter ». On essaye de se prémunir contre le manque d'amour, et on limite ainsi notre capacité à en donner et en recevoir. On essaye de préserver son enfant de la blessure qui nous a causé tant de tort, sans comprendre que notre comportement va générer chez lui une blessure narcissique du même ordre. Ma mère avait voulu me préserver de sa souffrance en adoptant le comportement inverse de celui de ses parents, mais elle m'avait pourtant transmis ce à quoi elle voulait absolument que j'échappe.

Quand j'ai commencé à prendre conscience qu'il y avait une blessure narcissique en moi et qu'elle ressemblait fort à celle de ma mère, j'ai fait des recherches sur la question et j'ai été surpris de constater que cette blessure pouvait apparaître autant chez l'enfant déconsidéré que chez celui à qui on avait trop donné. Parce que, comme l'explique notamment Tara Brach dans son ouvrage *La Méthode R.A.I.N*, un enfant à qui l'on répète sans cesse qu'il est beau et intelligent, et que l'on félicite trop pour ses accomplissements, va finir par se dire qu'il est digne d'amour *seulement* s'il est beau, intelligent et s'il réussit. Ce qui est logique.

Je ne suis pas encore parent, mais, d'après ce que j'ai pu voir dans les groupes thérapeutiques auxquels j'ai participé et où j'ai entendu beaucoup de gens parler de leur enfance, il y a une chose que j'ai comprise : le parent parfait est celui qui n'a pas d'enfant. Car on a beau tout faire pour éviter que nos enfants souffrent, on ne peut l'empêcher. On peut, certes, minimiser : un enfant choyé et respecté souffrira moins qu'un enfant maltraité. D'ailleurs, mes blessures d'enfance sont bien moins profondes que celles de ma mère, et ça c'est un vrai succès à son actif. Mais on ne peut éliminer la souffrance. La vie vient blesser l'enfant, la blessure fait partie de sa constitution, et aussi de ce qui va lui permettre d'évoluer. Ce qu'un parent peut faire de mieux, c'est faire de son mieux. Et c'est ce que ma mère a fait.

Quand elle cédait à tous mes caprices, elle croyait bien faire. Elle ne voyait pas que ma personnalité devenait anormalement égocentrique et arrogante, donc repoussante pour mon père et mes petits camarades. J'étais régulièrement rejeté par les autres parce que je me croyais supérieur et que j'agissais comme tel. Parce que je ne pensais qu'à moi. C'est ce que ma mère m'avait appris. Il résulta de ce rejet, comme ce fut le cas pour elle trois décennies auparavant et alors qu'elle avait reçu un traitement diamétralement opposé, une forte blessure de non-amour qui allait s'installer en moi et nourrir un immense besoin de connexion. Ce n'est sans doute pas un hasard, d'ailleurs, si j'ai choisi une activité qui me mette en contact avec des milliers de personnes.

Ce que je raconte ici, je le savais déjà, en partie. Mais là, c'est différent. J'ai beau, grâce à mes réflexions, grâce à mes lectures, connaître les tenants et les aboutissants du problème, en ce troisième soir de la roue de la fortune cosmique, j'accède à une toute nouvelle compréhension. J'avais oublié à quel point j'avais été triste. J'avais surtout oublié comment : je ne me rappelais plus la saveur de cette tristesse. La plante me fait redécouvrir ce goût-là. Je sens cette tristesse dans mes tripes.

Emmitouflé dans mon sac de couchage au beau milieu de la campagne est-allemande, je vois se dessiner une énorme prise de conscience sur la recherche intense d'une connexion à autrui… et sur la naissance du narcissisme et des addictions qui en ont résulté. D'un coup, je repense à mon « chiffon », ce vieux T-shirt avec une inscription en plastique doux à l'effigie de Mickey. Ah, mon chiffon ! Ma première addiction… Je ne le lâchais jamais. Je le reniflais sans cesse, comme un doudou, en suçant mon pouce, et sans surprise, je l'ai gardé bien plus tard que la moyenne des enfants.

Je revois aussi le sucre, que j'ingurgitais en quantités astronomiques : les éclairs au café, les bonbons Haribo, le Coca… Le Coca ! Une scène, précisément, me revient : moi devant la télé, hurlant « à boire ! » pour qu'on vienne remplir mon verre de liquide noir sucré, en bon monarque dictateur. Cette image me fait tellement honte…

Je revois les jouets, mon obsession… Les robots que j'accumulais, que je passais mon temps à perdre, pour ensuite contraindre mon entourage (ma mère, le plus souvent, mais parfois les rares « copains » qui venaient jouer à la maison) à les chercher avec moi… Et les dessins animés, auxquels j'étais tellement accro que ma mère me faisait sauter un après-midi d'école chaque semaine pour que je puisse les regarder.

Moi qui ai tant de fois été contrôlé par mes tendances addictives, j'accède soudain au pourquoi du comment. Quoi de plus jouissif que lorsqu'une évidence cachée se révèle enfin à nous ?

Tout commence à s'éclaircir. Je savais déjà que mon éducation d'enfant roi m'avait rendu imbuvable et avait contribué à mon isolement. Ce que je ne voyais pas, c'était le rapport de cause à effet entre manque de connexion et dépendance, entre tristesse et addiction : comme j'avais recherché, instinctivement, à pallier ce manque affectif avec du sucre, des jouets, des écrans. Je ne voyais pas que ces premières dépendances allaient être les prémices de toutes les autres. Il y aurait les jeux vidéo, auxquels je jouerais pendant des années plusieurs heures par jour. Puis le pétard, pendant quinze ans, souvent du matin jusqu'au soir. Les milliers de paquets de cigarettes. La masturbation quotidienne et compulsive. La cocaïne, plusieurs nuits par semaine, pendant une décennie. Sans compter les addictions dont je ne suis pas totalement débarrassé : les réseaux sociaux, le shopping en ligne, le café...

Depuis que j'ai commencé à travailler sur moi, je pense sans cesse au fait que je suis quelqu'un de profondément addict. Sans parvenir à sortir véritablement du cercle des addictions. J'ai essayé de me restreindre, de comprendre, et j'ai, certes, fait de gros progrès, mais je suis pourtant resté dans le noir.

Il y a quelques années, à l'occasion de mon travail thérapeutique lors d'une retraite psycho-spirituelle en Inde, on m'avait expliqué que pour aller au-delà d'une blessure d'enfance et des comportements nocifs qu'elle pouvait engendrer, il fallait aller *ressentir* la blessure originelle. C'était une belle théorie, mais dont la mise en application me semblait bien mystérieuse.

Jusqu'à ce cadeau que me fait la plante, cette nuit-là. Ce cadeau de me faire revivre la douleur de solitude, de tristesse... Ces sensations qui m'étaient autrefois si familières et que j'avais pourtant occultées. Difficile de décrire cet état où je goûte ma douleur sans m'y identifier, où je peux la palper sans qu'elle me fasse mal. Où je comprends que quelque chose en moi se dénoue : que ressentir cette douleur originelle va me permettre de la dépasser, et par là même de couper court aux comportements qu'elle me dicte sans que j'en aie conscience. Je perçois d'une manière nouvelle les mécanismes souterrains qui travaillent en moi. Je vois l'enfant blessé, l'enfant qui croit toujours avoir besoin de son doudou et d'attention extérieure pour se sentir en connexion avec les autres, pour se sentir exister, pour se sentir heureux.

Depuis près de cinq ans, je vis dans ce que j'aime appeler la « maison de l'amour de soi ». J'ai été exposé à la théorie, je sais que je dois me l'appliquer, mais y parvenir n'est pas une mince affaire, alors j'y travaille chaque jour. Je me dis que je m'aime, régulièrement. Je me nourris – physiquement, intellectuellement, artistiquement, émotionnellement – de choses que j'estime bonnes pour moi. Je médite, afin de mieux observer les réactions de mon corps aux épreuves de la vie. Il y a des résultats : je sais désormais identifier les moments où je me sens en carence d'amour, où le système bugge. Je sais mieux satisfaire mes besoins affectifs. Je sais mieux m'aimer, tant dans l'intention que j'ai envers moi-même que dans les actions qui en découlent. Et, de fait, je suis moins addict.

J'ai dû boire l'ayahuasca plus de cinquante fois avec Eduardo, mais ce soir il se passe quelque chose de rare : une pièce essentielle se met en place dans mon grand puzzle du « connais-toi toi-même ». Pour la première fois, je comprends pleinement ce que veut dire Eduardo quand il prétend, en mode semi-blague, qu'une nuit avec la plante peut nous faire avancer autant que dix années de thérapie. C'est juste magnifique.

Highway to Hell

Sauf que mon moment de grâce va prendre fin, brutalement. En un clignement d'œil, tout bascule, et je pars direct en enfer. Sans transition, je suis assailli d'images terribles, de détenus noirs dans des prisons américaines à haute sécurité, comme dans les films. Je vois des hommes puissants physiquement, qui montrent les crocs. Qui souffrent mais qui ne peuvent exprimer cette souffrance – à eux-mêmes ou à autrui – et qui doivent se battre pour survivre. Ce sont des images semblables à celles que j'ai vues la première nuit, mais bien plus vives, plus nettes, plus fortes. Ces hommes sont emprisonnés, et je ressens dans mon ventre leur colère et leur douleur. Les images se succèdent à une vitesse folle. C'est l'avalanche de vignettes Panini, version cauchemar : bastons, domination, sang, violence, meurtres, viols, biceps énormes, sueur, regards assassins... Et ce coup-ci, je ne suis pas spectateur, non : je suis dedans. Je ressens la violence au plus profond de moi, comme si quelqu'un me hurlait des obscénités dans l'oreille, mais en mode visuel. Les images se déversent dans mes yeux, c'est une attaque contre laquelle je ne peux pas me défendre. Ça va à toute allure, telle une avalanche de coups de poing. Je vois le sexe en prison, le sexe dans la culture des gangs hors de la prison, la bestialité, la domination... Ce sont des images qui hurlent, on dirait qu'elles veulent me violer. Je subis cette souffrance de plein fouet. Ça va et vient, par vagues. Parfois ça repart doucement, et puis ça revient encore, plus fort. J'ai envie de crier, de pleurer, de sortir de là. J'ai terriblement peur.

Parfois, les images s'arrêtent, sans prévenir. Pendant l'un de ces temps morts, j'ai l'impression de plonger droit dans la psychologie des Noirs américains.

Il y a quelques minutes, j'étais dans les baskets de « Jonathan, quatre ans », maintenant, je suis dans celles d'un Noir américain. J'observe, mais ça ne ressemble à rien de ce que j'ai connu jusque-là : au lieu de voir l'oppression des Noirs comme un homme blanc qui veut bien faire, c'est-à-dire avec culpabilité, compassion et ignorance, je la ressens depuis leur perspective, viscéralement. Je ressens la souffrance du peuple entier. C'est dingue. J'éprouve une blessure intense de siècles d'oppression, d'esclavage et de ségrégation, je ressens jusqu'au racisme systémique actuel. Je comprends l'esprit de revanche… le sentiment d'injustice… la haine, aussi…

Incroyable sensation que celle d'être propulsé dans une perspective si éloignée de la sienne. Ce n'est pas une appréciation conceptuelle. C'est une réalité que des mots ne sauraient exprimer. Je sais d'expérience que la faculté d'empathie peut grandir avec l'écoute et la volonté de voir les choses du point de vue d'autrui. Je sais aussi que c'est un travail qui prend du temps. Mais là, tout se passe comme si la plante venait donner un immense coup de boost à cette faculté, me faisant non seulement goûter à ce que peut être la pleine empathie, mais venant étayer dans mes tripes la compréhension des conséquences de siècles de racisme.

Je pense au « corps de souffrance », qu'évoque Eckhart Tolle dans *Nouvelle Terre*, qui se trouve en chacun de nous et vient s'activer lorsqu'on se laisse happer par la colère ou la tristesse.

Le corps de souffrance est individuel mais il est aussi collectif, quand il naît d'événements qui ont fortement affecté des groupes. Ayant grandi dans une famille touchée par la Shoah, j'ai bien conscience du corps de souffrance des Juifs, en particulier des Juifs ashkénazes. C'est une chose que j'ai essayé d'expliquer à des non-Juifs, avec peu de succès en général. Ce corps de souffrance collectif peut prendre la forme d'une hypersensibilité sur certains thèmes qui concernent le groupe, et notamment tout ce qui touche à la critique du groupe en tant que tel. Il se manifeste aussi par des comportements hérités, propres au groupe, qui peuvent paraître étranges à ceux qui n'en font pas partie : ma mère, par exemple, comme beaucoup d'autres Juifs de sa génération dont certains parents et grands-parents ont connu les camps, a un rapport démesuré au gâchis alimentaire, qui peut la faire entrer dans de véritables crises d'hystérie.

Mais déjà la pause est finie et mon film d'horreur reprend. Je reste en mode téléchargement haut débit, sauf que je suis à nouveau plongé dans des images atroces : la violence et le sexe en prison d'abord, et maintenant des scènes de porno qui me sautent à la figure. Sans prévenir, la plante me montre des images de films de cul comme si elle essayait de m'enfoncer la tête dedans. Des pornstars s'agitent sous mes yeux, m'aguichent, j'assiste de force à toutes sortes de scènes de sexe... C'est ultra-rapide, ultra-violent, ça va à 1 000 kilomètres à l'heure et ça m'agresse, ça veut m'agresser, ça veut me montrer quelque chose. Je ressens le vice, je ressens la souffrance, je me sens attaqué, c'est insupportable. Je veux que ça s'arrête, mais les images se succèdent, en rafale. Et, au fond, je sais très bien pourquoi.

Titanic

Pendant longtemps j'ai été addict au porno, j'en regardais tous les jours, parfois même plusieurs fois dans la même journée. Puis, il y a quelques années, notamment grâce à une conférence TED que j'avais vue sur la question, j'ai pris conscience qu'il s'agissait là d'une grosse addiction et que contrairement à ce que je voulais me faire croire elle était particulièrement nocive. D'abord parce que mater des films pornos contribue à une industrie qui crée de la violence, beaucoup de violence, contre les femmes. Ensuite parce que la consommation de porno, en nous accoutumant à des images irréelles et hyper stimulantes, en nous montrant une image du sexe limitée à certains fantasmes masculins, est empreinte d'une énergie de domination et de soumission qui entrave les rapports sexuels dans la vraie vie et n'a évidemment rien à voir avec un acte d'amour.

Ces dernières années, donc, j'avais pris l'engagement envers moi-même de ne plus consommer de pornographie et j'avais plutôt bien tenu. Mais en bon addict, dans des moments de faiblesse, il m'arrivait tout de même de replonger.

Mon voyage infernal au pays de l'obscène vient confirmer ce que je sais déjà : comme le rap violent, le porno « vibre très bas », il véhicule une énergie de souffrance et d'oppression qui laisse des traces quand on en consomme. Si je veux mener sérieusement mon travail spirituel, si je veux apprendre à changer mon rapport aux femmes et à l'énergie sexuelle, je n'ai d'autre choix que de totalement, catégoriquement, irrévocablement arrêter de mater du porno. C'est une chose qui m'apparaît clairement, soudain, et qui n'était pourtant pas si dure à voir, quand on y réfléchit – mais les mensonges que l'on se raconte à soi-même ont la peau dure…

La plante m'alarme régulièrement sur ce sujet, mais chaque fois elle le fait avec plus de vigueur. Par le passé, je me suis pris des petites tapes sur la main, puis des grosses fessées. Ce soir-là, c'est la bonne grosse droite.

Et pas qu'une droite, en fait, car ma plongée en enfer s'étend sur plusieurs rounds. La nuit infernale se poursuit, les images de violence et de sexe s'intercalent, se dissipent parfois, pour revenir de plus belle. Chaque fois qu'elles me bombardent, je dois entrer en vigilance maximale, me concentrer sur ma respiration, me rappeler que ça va finir par passer. Je repense à ma nuit d'horreur au Brésil, qui avait fini par passer, elle aussi… Je ne suis pas aussi terrifié qu'à l'époque – je n'en suis pas à visualiser mon propre suicide –, mais j'ai très peur. J'arrive parfois à ralentir l'assaut ou même à obtenir quelques microsecondes de répit, en poussant de lentes expirations par la bouche. De l'extérieur, personne ne pourrait suspecter mon calvaire : si on m'observait, on verrait un homme quasi immobile, parfois allongé, parfois assis en méditation ; parfois un peu agité, les traits tirés, rien de plus.

Moment d'accalmie, à nouveau. La plante m'emmène ailleurs, voir la domination des peuples arabes par les Américains… Je perçois fugacement, et très fort, à travers leurs yeux, les Américains comme oppresseurs. Encore une fois, je sens cette oppression comme si ma perspective s'était subitement transformée… et cette nouvelle compréhension provoque une prise de conscience brutale sur ma relation avec mon ancienne compagne Jasmine, qui est tunisienne et musulmane. Je vois pour la première fois comme elle m'a, quelque part, instrumentalisé pour faire un pied de nez à son père, en ramenant un juif américain chez elle, à Tunis. Elle était certes amoureuse de moi mais, à un niveau plus ou moins conscient, je crois que j'étais aussi le moyen parfait d'emmerder son géniteur. Je vois à quel point elle trouvait cool que je sois juif, et je repense à cette fois où on avait pris conscience que si on avait un enfant il ne serait ni juif ni musulman, car le judaïsme est transmis par la mère et l'islam par le père : on s'était tapé dans la main en disant qu'on était le couple du futur, que c'était des couples comme le nôtre qui mettraient fin à la folie des religions. Mais je vois aussi la gêne que pouvait, à d'autres moments, susciter mon judaïsme, qui devenait moins cool quand je manifestais l'envie de célébrer des fêtes juives ou que j'essayais de mettre de la nuance dans le constat partagé des dérives du gouvernement israélien.

Tout ça devient soudain si clair, les informations pleuvent, j'ai à peine le temps d'intégrer une évidence précédemment ignorée qu'une autre me tombe dessus…

Je suis si mal quand les images terribles reviennent, je veux tellement que ça s'arrête, que je décide de prendre le taureau par les cornes et d'opter pour le courage plutôt que la fuite : je me lève, quitte mon lit de fortune et retourne m'asseoir sur ma chaise, pour affronter mes démons dans le cœur de l'arène, là où l'énergie de la session est la plus forte. Je tâche de me laisser porter par la musique, tout en ramenant mon attention sur ma respiration quand l'assaut est trop fort. La lutte est difficile, et par moments je me sens faillir face au torrent cauchemardesque – ça va s'arrêter quand, bordel ? Mais j'arrive chaque fois à revenir, en expirant très fort, en observant, en me connectant à la musique. Je suis en pleine tempête, mais j'ai aussi confiance dans le navire et dans l'équipage.

Sauf que Capitaine Eduardo décide soudain – abruptement, à mon sens – que la cérémonie est terminée. Il s'arrête de chanter et nous invite à passer à table. Comme ça, d'un coup, il passe une musique enregistrée, qui me semble en totale dissonance avec le mood ambiant. Mon sang se glace : je sens que ça ne va pas le faire du tout, que je suis au bord du naufrage. Je jette un coup d'œil autour de moi et je remarque à la tête de mes compagnons que je ne suis pas le seul à m'en être pris plein la gueule ce soir. Au début, tout le monde est interloqué, les gens sont scotchés sur leur chaise. Jasper a l'air sonné, Cobra aussi. Puis, certains commencent à se lever et à discuter. Cobra s'approche de moi pour me dire un mot, et, le pauvre, je le repousse comme s'il essayait de me pécho. Je ne peux pas bouger, je ne peux pas parler, j'oscille aux portes de l'enfer, et là, sans la musique ni l'énergie d'Eduardo, qui faisaient rempart contre le trou noir, je sens que je vais m'écrouler…

Jusque-là, c'était difficile mais j'avais quand même l'impression de gérer. Et puis on était tous ensemble dans la même galère. Maintenant que la cérémonie est terminée, je me retrouve seul, en pleine *borrachera*, et je sens monter la panique. Pas la même que le premier soir, où mon alerte était d'ordre physique. Je suis comme les Esquimaux avec la neige, putain, il me faudrait tout un lexique pour décrire mes différents états de panique. Là c'est bien pire : j'ai peur d'aller trop loin dans ma tête, et que les séquelles soient irréversibles.

Mon mental est en roue libre, je ne sais plus quoi faire de moi. Je retrouve mon autonomie et ça me tétanise.

Je ne peux pas rester comme ça, je dois faire un choix. Maintenant. Est-ce que je sors prendre l'air ? Est-ce que je reste assis ? L'anxiété monte, mon cœur bat de plus en plus fort. Les entités maléfiques qui m'agressent risquent de s'emparer de moi, et chaque décision me paraît une question de vie ou de mort. Ne sachant pas quoi décider, je reste cloué sur ma chaise en essayant de faire abstraction du mouvement et du bruit autour de moi. Je suis le dernier à être encore assis, beaucoup de mes co-engrenagés sont partis dîner, certains retardataires papotent autour de moi. Moi je me concentre et je respire, je ne fais que respirer. Mais c'est peine perdue, mon attention s'échappe, ça y est, c'est trop tard, comme en Belgique, comme au Brésil, je bascule en mode total parano.

Tout vacille, et ça commence par Eduardo. C'est reparti : il n'aurait pas dû faire ce qu'il a fait, putain ! L'énergie qui circulait dans le groupe était bien trop forte, bien trop sombre pour qu'il interrompe la cérémonie. Il nous a abandonnés, voilà, il vient de commettre une faute grave ! Et d'ailleurs, ce n'est pas lui le problème, c'est l'ayahuasca. J'ai fait une terrible erreur en venant ici, je le sais, je le savais, j'avais déjà eu des signaux, sur la graine de folie en moi. Je ne les ai pas écoutés. Et c'est ce qui est en train de se passer maintenant. Et c'est trop tard pour revenir en arrière.

Presque tout le monde a quitté la salle. George est encore là, assis au sol, non loin devant, en pleine conversation avec Jasper. Jasper se marre. Jasper se marre, et moi je vais devenir fou. Je sens que je suis à bout de forces et je sais que George est le seul à pouvoir m'aider. Alors je lui fais signe. Il voit à ma tête que le Jo des grands jours vient de faire son come-back. Il se lève et vient me voir.

3e mi-temps

On sort et on s'assoit tous les deux sur les marches en bois qui mènent vers le deck. Je ne peux toujours pas parler. Des actrices pornos sont en train de remuer devant moi pour m'aspirer dans un vortex maléfique. Je vois des viols dans des douches de prisons. Il y a comme des moteurs de grosses voitures dans ma tête, qui me propulsent dans le corps, à une vitesse inouïe, de la violence, de la peur, du combat, de la souffrance. George me parle. Il m'explique. À nouveau. Qu'il est bon d'avoir l'opportunité de se confronter à ses propres énergies négatives. De se permettre un grand nettoyage. Il me dit que c'est ce qui est en train de se passer en moi. Je ne veux rien entendre. À ce moment-là, j'en veux à Eduardo pour ce que je crois être sa faute, mais je comprendrai plus tard que ce qui m'agite le plus, ce n'est pas tant la faute elle-même que la possibilité qu'Eduardo puisse être faillible. George comprend et me rassure, il me dit que l'erreur que je vois n'est qu'une illusion, que l'erreur consiste à projeter l'éveil ou la perfection sur autrui, quel qu'il soit. Qu'Eduardo n'est qu'un « servant », c'est-à-dire qu'il est – comme nombre d'entre nous – au service d'une mission de guérison.

À ce moment du schmilblick, je suis pourtant incapable d'écouter quoi que ce soit, je ne crois plus en l'aya ni en Eduardo, qui sont deux rocs dans ma vie. Je ne crois plus en mes décisions. Je ne crois plus en l'évolution de mes camarades de colo, qui me semblent tous aussi nuls et incapables que moi. Je ne crois pas non plus au divin, ou à quelque magie que ce soit. Je suis submergé par le bad et je cherche désespérément une bouée de sauvetage, quelque chose à quoi me rattacher, une vérité, n'importe laquelle, qui m'aide à sortir du trou… Et la seule vérité que je trouve, la seule chose qui me semble certaine, à cet instant, c'est mon amitié avec George, et l'amour qu'il incarne pour moi sans doute mieux que n'importe qui d'autre. Il est la compassion, la sensibilité, la douceur, le service et l'empathie personnifiés. Alors que je doute de tout, que je suis comme Stallone dans *Cliffhanger*, à un doigt de me faire avaler par le vide, c'est comme si la conviction de cette amitié et la réalité de cet amour étaient les seules vérités qui m'empêchaient de sombrer.

Et doucement, grâce à cette pensée, je me stabilise.

Je suis frigorifié et j'ai terriblement mal aux fesses car, même si c'est le mois d'août, il fait un froid est-allemand, le sol est trop dur et je n'ai pas vraiment de chair sur le cul. Pourtant, le froid et la douleur sont les cadets de mes soucis : la seule chose qui m'importe, c'est que mon cauchemar prenne fin.

Dieu merci, ça redescend progressivement après au moins deux heures passées dehors, en lutte. La fréquence des images, leur puissance diminuent. Puis elles disparaissent. Ça aura duré trois ou quatre heures, je ne sais pas, mais ce qui est certain, c'est qu'il fait déjà jour quand je retrouve mes esprits.

Lorsque je parviens enfin à me déplacer jusqu'à la salle à manger, le dîner a été rangé depuis bien longtemps. C'était l'anniversaire d'un de nos co-engrenagés, et George n'a pas pu le fêter puisque je l'ai accaparé. Il n'y a plus de gâteau, je sais qu'il en voulait, alors je me sens coupable et je me jure que je lui revaudrai ça (ce que je ferai dès mon retour en France en lui envoyant une gigantesque boîte de mes chocolats préférés). En attendant, il m'a quand même préparé une assiette avec les restes du dîner. Je peine à ingérer quoi que ce soit, mais je me force, car je veux, dans quelques heures, recevoir la médecine du kambo. Il me faudra de l'énergie pour cette épreuve. Je suis hagard, encore sous le choc, mais je sens aussi que je reviens à la vie.

George va finalement se coucher après s'être assuré, encore une fois, que je pouvais me gérer comme un grand, et je me retrouve à nouveau seul, au petit matin, pour débriefer avec moi-même.

Je retourne sur le deck. Chaise longue, coussin de méditation. Je m'assois sur mon fidèle destrier. Je suis tellement soulagé d'être sorti du cauchemar. J'en pleure à chaudes larmes. Je me sens rescapé.

Je n'en reviens pas du combat que je viens de mener. Je ne comprends pas la signification de mes visions, mais je sais avec certitude qu'un des messages de la plante, c'est l'alignement, la cohérence. Alors je prends l'engagement envers moi-même de faire un pas en avant pour ajouter de la cohérence entre ce que je crois, ce que je fais, et ce que je dis. Je sais aussi désormais – et je le sais dans mes tripes – que toutes nos pensées ont un impact sur nos vies, et que tout ce qu'on voit sur nos écrans, tout ce que l'on entend, tout ce que l'on dit a un impact sur nos pensées, qu'elles soient conscientes ou pas.

Je repense aux mots d'Eduardo : pas besoin de tout comprendre.

Pas besoin de tout comprendre, non.

J'ai l'intuition que quelque chose d'essentiel est en train de se modifier en moi, que je suis entré dans un processus de guérison.

Je profite de ce moment pour faire un point sur ma forte tendance à sombrer dans la paranoïa. C'est la troisième fois que je fais une crise de ce genre en plein process. Je sais désormais que cette propension à anticiper le mal a quelque chose à voir avec ma solitude d'enfant et la peur de l'abandon que j'ai pu développer avec le temps. D'ailleurs, ma paranoïa ne se manifeste pas seulement en situation de crise : elle est forte, en moi, dans la vie de tous les jours, et je me convaincs régulièrement que j'ai dit ou fait quelque chose de mal, que cette chose va faire qu'on va me rejeter ou ne plus m'aimer. J'ai beau adorer la solitude, je ressens toujours une immense peur de l'isolement forcé – qui fait d'ailleurs de moi un ami fidèle et dévoué. Ce n'est pas la première fois non plus que je remets violemment en cause mon chaman, et j'observe tout à coup ma tendance paradoxale à rechercher des figures d'autorité comme un Prem Baba ou un Eduardo, pour leur déléguer des responsabilités sur la conduite de ma vie, et ensuite les rejeter ; à projeter la perfection sur ces figures paternelles pour leur reprocher, plus tard, de n'être pas parfaites. Je repense aux paroles de George et j'y vois plus clair : la perfection que je prête à Eduardo est celle que je cherche en vain en moi-même. Quand je le rejette, lui, parce qu'il n'est pas parfait, ce sont mes propres imperfections que je refuse d'accepter.

Quand je prétends aimer une personne pour sa perfection et que je lui retire mon amour si cette perfection n'est pas atteinte, mon amour pour elle n'est pas véritable puisqu'il est soumis à condition – il est « transactionnel », pour reprendre l'expression d'Erich Fromm dans *L'Art d'aimer*. Ce que dit encore Fromm, c'est que les autres sont mes miroirs. Donc ce que j'inflige à l'autre vaut d'abord pour moi : si je n'aime pas mon miroir, c'est qu'a priori je ne m'aime pas moi-même. Si je rejette Eduardo, c'est peut-être d'abord parce que je me rejette, moi. Et ça veut dire que j'ai encore du taf. Pour apprendre à m'aimer quels que soient mes accomplissements, quelles que soient mes actions. Pour mettre de côté mon perfectionnisme, dont j'ai tant de mal à me débarrasser et qui est pourtant le type même de l'amour conditionnel. Pour apprendre à m'aimer juste parce que je le vaux bien, quoi qu'il arrive. Et donc à aimer autrui, mon miroir, sans condition non plus.

Je regarde les oiseaux voler au-dessus de moi, les couleurs du ciel s'intensifier, le soleil monter doucement, et comme les deux matins précédents, je pense à Jeanne. Il est plus tôt que la veille, quand je titube vers la douche, puis vers mon lit. Après la lutte infernale à laquelle je viens de me livrer, je n'ai besoin d'aucun effort pour aller faire un gros hug à Morphée, qui m'attend les bras ouverts.

JOUR 4
Guérison

Aimer l'ombre

Ce matin, Jeanne m'a laissé un message. Je peux entendre sa voix, ça me fait tellement de bien. Elle n'a pas vraiment dormi, me dit-elle. Elle m'explique que cette nuit elle m'a vu dans ses rêves et que c'était assez dark. Elle me raconte ensuite son retour dans le nord de la France, où elle s'apprête à organiser un séjour méditatif pour la première fois… Ce retour au pays fait remonter en elle beaucoup de choses de son enfance et de son adolescence. Elle me parle de cette époque où elle était rebelle, où elle ne connectait pas avec les autres, où partout elle se sentait comme une étrangère, comme catapultée dans une réalité qui n'était pas la sienne, où elle se révoltait contre la bêtise, la violence et le racisme.

Je suis frappé par ses mots car elle évoque divers thèmes de mon process sans avoir été là, bien sûr, mais sans en avoir parlé avec moi non plus. Je commence à avoir l'impression qu'il se passe quelque chose de mystique entre nous :

les synchronicités – ces apparentes coïncidences qui sont en fait riches de sens – me paraissent folles.

Quand elle me demande si on va pouvoir trouver un moment pour échanger avant notre cérémonie, dans trois semaines, je ne peux pas m'empêcher de me marrer parce que, à cet instant, ma plus grosse envie, c'est de la voir, et pas qu'une fois. Je brûle de la retrouver, de la prendre dans les bras, de l'embrasser. Donc, oui, on devrait pouvoir trouver un moment.

Je sors de ma chambre, heureux d'avoir survécu à la veille, heureux de ce qui semble se profiler avec mon engrenagée chti à frange. Pas le droit de manger ce matin, en guise de p'tit déj je vais avoir droit à une dose de venin de grenouille. Car bientôt se déroulera un autre grand moment de notre colo chamanique : la très redoutée cérémonie du kambo. Pour avoir le droit d'y participer, je dois non seulement être à jeun, mais aussi boire des litres d'eau – six au moins – pour faciliter la purge. En d'autres termes : pour avoir quelque chose à sortir quand je me mettrai les doigts au fond de la gorge pour me faire vomir.

Sur le deck, je tombe sur Viola. Elle m'intimide sérieusement. Elle a toujours l'air d'aller quelque part ou d'être en train d'accomplir un truc important, alors c'est rare que j'ose l'intercepter. Mais là, je ne peux pas m'empêcher de la prendre à partie pour lui dire ce que je pense de son fils : que je l'admire, que je l'aime, qu'il m'a enseigné tellement de choses. Et cet échange fait que mon rapport avec elle se transforme. Alors qu'elle paraissait jusque-là si distante, je la sens soudain plus chaleureuse, plus maternelle à mon égard, tactile même.

Ce jour-là, pour la première fois, elle prend un long moment pour me conseiller. Comme George, elle me parle de ce fameux nettoyage, qui touche à tout ce que j'ai emmagasiné : si je veux évoluer, il faut déprogrammer les anciens conditionnements et faire en sorte que tout dans ma vie – mon corps, mon mental, mes émotions, ma maison, mon travail – soit sous la protection, la direction et la volonté de mon Moi Supérieur.

Le Moi Supérieur, c'est cette partie divine qui existe en chacun de nous et que l'on décèle aisément chez les jeunes enfants ; l'innocence, l'amour et la beauté de ce que nous étions avant que la vie nous blesse et nous force à créer des mécanismes de défense. Selon Viola, tout le bullshit qui ressort pendant les cérémonies fait partie de moi. De mon ombre. On a tous en nous des démons qui sommeillent, et c'est seulement en les acceptant que l'on peut les combattre et s'en débarrasser. Elle insiste, de sa petite voix sèche enrobée d'un joli accent slovène : « Observe ton ombre, tes vices, tes égarements... mais sans les juger. » Tiens, ça me rappelle quelque chose. Observer sans réagir. Goenka n'aurait pas mieux dit.

Mon ombre, mon ombre, ma putain d'ombre, je commence à en savoir quelque chose de celle-là ! Cette question de l'ombre est l'une de celles qui m'ont le plus préoccupé ces dernières années. Elle a été la source d'un grand changement en moi quand j'ai pris conscience, il y a peu, que je n'étais pas le seul à être *fucké*, comme ils disent au Québec. Qu'on l'est tous. Qu'on se ment tous à nous-mêmes. Que derrière nos masques de gentillesse et d'altruisme, on cache bien nos ego et toutes sortes d'émotions peu attrayantes : la peur, la colère, le narcissisme, la jalousie, l'impatience, la violence... Que derrière le masque du tout-va-bien, on camoufle aussi beaucoup de douleur, tant et si bien qu'on parvient non seulement à ne pas la montrer à autrui, mais aussi et surtout à ne pas la voir nous-mêmes.

Cette prise de conscience m'a soulagé comme elle devrait aussi te soulager, Dominique. Car à partir du moment où on accepte qu'on a tous de la merde à l'intérieur de nous, que l'on s'efforce d'anesthésier avec des stimulations extérieures dès qu'elle menace d'éclater un peu trop fort, on s'ouvre enfin à l'idée que le monde n'est pas divisé entre les gentils d'un côté et les méchants de l'autre. Mais qu'il y a juste des gens plus ou moins en souffrance. Et que la seule solution sensée face à notre noirceur et celle des autres, c'est la compassion. C'est la compréhension et l'acceptation qu'il y a du mauvais en chacun et qu'il est le fruit de nos blessures d'enfance. Nous en sommes responsables, certes, en ce sens que nous devons en assumer les conséquences. Mais nous n'avons pas à en porter la culpabilité : cette ombre ne doit pas nous faire honte. Et puis, de toute façon, on ne peut pas s'en débarrasser. Alors, la meilleure chose que l'on puisse faire, pour lui ôter son pouvoir destructeur, c'est de l'observer honnêtement, aussi bien chez soi que chez les autres, en tâchant de ne pas lui donner trop d'énergie.

L'amour de soi n'est pas l'amour de nos qualités, de nos succès, de nos accomplissements. C'est l'amour de nous-mêmes malgré notre ombre. Je dirais même plus : c'est l'amour de notre ombre. « *Whatever arises, love that*[7] », dit le penseur américain Matt Kahn. Tout ce qui vient de toi, aime-le. Ton égoïsme, ta peur, ta colère pointent le bout de leur vilain nez ? Aime-les. Au lieu de les juger ou de te convaincre qu'ils n'existent pas, essaye de les comprendre. Donne-leur de l'amour. Dis-leur que tu es là pour eux, que tout va bien se passer.

Évidemment, c'est plus facile à dire qu'à faire. Surtout quand l'ombre prend la forme d'images violentes et pornographiques qui vous bombardent sans discontinuer des heures durant... Mais quel pas en avant on fait quand on comprend la nature de ce travail et qu'on commence à être plus doux avec nos propres errements ainsi que ceux des autres !

7. « Tout ce qui surgit, aime-le. »

Viola continue de me parler, elle évoque maintenant l'enfance de George. Je découvre ce que c'est que d'élever des enfants quand on est profondément ancré dans l'engrenage, puisque c'était son cas, déjà, lorsque son fils est né. Et je repense au fait que George ne l'appelle pas « maman ». Ça me semble tout sauf anodin, désormais : je vois là une manière pour lui de se désidentifier du rôle de fils, d'interagir avec sa mère non pas selon sa fonction mais d'humain à humain, en mettant de côté les attentes qui découlent des rôles de chacun, et en tâchant de donner à l'autre un amour sans condition. Je me demande ce que ça me ferait de voir ma génitrice non comme une mère qui me devrait quelque chose, mais comme un être humain à part entière, au-delà du rôle qu'elle a pu remplir à mon égard. Je me demande ce que ça me ferait de ne plus l'appeler « maman », mais « Nicole », ou encore d'employer le surnom qu'elle aime, « Nini ». Peut-être qu'en appelant ma mère par son prénom, j'arriverais à mettre une distance plus saine entre elle et moi.

Car le nom que l'on emploie pour se référer à quelqu'un est comme une formule magique, qui inscrit cette personne dans un contexte. Qui ancre un échange dans la myriade d'informations que ce nom porte silencieusement. Je me souviens de la libération que j'avais moi-même ressentie quand j'avais, il y a quelques années, décidé de changer de prénom. C'était à la suite du festival Burning Man, dans le désert du Nevada, où l'une des coutumes est de se donner les uns aux autres des *playa names*, c'est-à-dire des prénoms spécifiques, à employer pendant la durée du festival. L'idée étant de laisser derrière soi, le temps de l'expérience, tout le bagage qui accompagne notre prénom usuel, toutes les histoires stockées dans notre mental et que notre nom contient implicitement : qui nous sommes, d'où l'on vient, qui on connaît, ce que l'on croit... Autrement dit : notre ego.

Cette fois-là, au retour du festival, j'avais décidé de poursuivre l'expérience et de me faire appeler par mon deuxième prénom, Frank. Pendant les mois où je m'étais présenté ainsi à des inconnus – car au bout d'un certain temps, je n'avais plus la détermination suffisante pour corriger sans cesse ceux qui me connaissaient déjà et persistaient à m'appeler Jo, et donc j'avais fini par lâcher l'affaire auprès d'eux –, je m'étais senti soulagé d'un poids, libre de devenir qui je voulais. Plus tard, en Inde, j'allais d'ailleurs découvrir cette tradition, répandue dans de nombreux ashrams, qui consiste à mettre son nom de naissance de côté pour endosser un nom spirituel, afin de se détacher du passé et de donner un nouvel élan à sa vie au moment où l'on décide de sauter à pieds joints dans l'engrenage.

Viola me relate les lignes directrices de ce qu'elle a voulu transmettre à ses enfants et m'explique qu'elle leur a appris, à mesure qu'ils grandissaient, l'importance de communiquer ouvertement sur leurs blessures. D'exprimer leurs contrariétés. D'oser mettre des mots sur ces émotions. Et, surtout, d'en prendre la responsabilité : « Pour ne pas accuser qui que ce soit de ce qui nous traverse. »

Elle me parle ensuite d'Eduardo. Je lui ai raconté ma crise de parano de la veille. Selon elle, je me suis fait un film : je n'ai pas observé, j'ai projeté. Eduardo ne nous a pas abandonnés. En revanche, l'idée d'abandon que je suis en train de projeter sur lui m'appartient : j'attribue à un autre la responsabilité de mon enfer, mais ça ne change rien au fait que cet enfer est en moi. Quand on se sent mal, on pointe trop souvent autrui du doigt, alors que la seule approche sensée est d'assumer la responsabilité de nos propres émotions. Viola insiste : « Pose-toi la question, vraiment : qui t'a abandonné ? »

Tiens, mais c'est vrai : qui m'a abandonné ? Je réalise un truc, en écrivant ces mots : la réponse qui me vient naturellement est « mes parents ». Je porte la croyance en moi, malgré moi et en dépit de tout ce qu'ils m'ont donné lorsque j'étais enfant, que mes parents m'ont bel et bien abandonné. Qu'ils m'ont mal préparé à l'interaction avec les autres enfants, qu'ils m'ont laissé à mon isolement, que c'est leur faute si je me suis senti si seul en grandissant. Je pourrais d'ailleurs en rester là... mais si j'intègre la leçon de Viola, si je tâche de me responsabiliser quant à mes émotions, je peux aller plus loin et constater que la personne qui m'a abandonné, en fait, c'est moi. Qu'il y a une blessure en moi qui remonte à l'enfance et qu'au lieu de prendre la responsabilité de sa guérison, je suis sans cesse tourné vers l'extérieur, tantôt pour l'anesthésier, tantôt pour faire porter le chapeau à telle ou telle personne.

« Demande que ton enfant intérieur soit guéri », me suggère Viola.

C'est drôle, on dirait que le puzzle s'assemble sous mes yeux. Je repense à l'enfant triste de cette nuit, dont j'ai revécu la douleur, et je comprends que je suis seul responsable de cette émotion. Je sais maintenant ce qui doit être guéri. Il n'est pas question de guérir un amour que je n'aurais pas reçu : je dois guérir de l'amour que je n'ai pas su me donner quand j'en avais besoin, autrefois, et que je continue à ne pas savoir me donner aujourd'hui.

La cérémonie du kambo approche. Juste avant, je repasse par ma chambre. J'ai quelque chose à faire. Une voix, en moi, me parle de Caroline. Me dit qu'il y a un truc à finir. C'est pourtant déjà fini, mais il faut que j'aille plus loin, pour pouvoir tourner la page. Je prends mon téléphone et j'efface absolument toute trace d'elle. Toutes les photos, les quelques vidéos, nos conversations. Je la bloque sur les réseaux, partout. J'ai besoin de tirer un trait définitif. Ce n'était pas urgent, pourtant je sens que je dois accomplir ça maintenant, c'est instinctif.

Voilà une bonne chose de faite, tiens, et peut-être même un truc de moins à vomir quand Eduardo va m'administrer le venin de grenouille.

Grenouilles et conséquences

Le kambo est une médecine bien plus récente que l'ayahuasca, qui consiste à administrer aux vaillants volontaires le venin d'une grenouille d'Amazonie. Un venin puissant, qui, lorsqu'il est inoculé en petite quantité dans le corps, a pour effet de renforcer le système immunitaire.

Comme avant chaque cérémonie, Eduardo nous raconte l'histoire de cette médecine, qui aurait été « reçue » par un chaman du début du XXe siècle, lors d'une prise d'ayahuasca. À l'époque, les peuples indigènes amazoniens étaient littéralement décimés par des maladies importées d'Europe : l'intensification du commerce de caoutchouc avait fait venir de nombreux hommes blancs dans la région, et avec eux leurs germes, contre lesquels les Amazoniens n'étaient pas immunisés. Une nuit de *borrachera*, le chaman eut la vision qu'il existait une grenouille, vivant au fin fond de la jungle, dont le venin pourrait servir de protection, tel un vaccin, contre les maladies importées par l'homme blanc. Il partit en expédition à sa recherche et, lorsqu'il la trouva, s'administra son venin en faible quantité, ce qui non seulement ne lui fit aucun mal, mais apparemment même le plus grand bien. Depuis, le kambo s'est répandu dans les tribus indigènes amazoniennes, et ses immenses bienfaits sur le système immunitaire y sont reconnus.

Oui, je sais bien comme tout ça peut paraître énorme à avaler. Au début, moi aussi, ça me semblait un poil zinzin. Mais désormais, étant plus connecté à mon corps grâce à ma pratique méditative et à la diminution des substances novices que j'ingère, je sens que cette médecine fait grand bien à mon organisme chaque fois que j'ai la chance de la recevoir.

Aujourd'hui, la météo est clémente, alors le kambo se déroule à l'extérieur, dans l'herbe, juste à côté du sauna. Gros inconvénient : le soleil tape sa mère, et quand j'ai peu dormi, je m'en méfie. Encore plus si je dois gérer la présence en moi de la bave mortelle de crapaud que Panoramix va m'administrer d'une minute à l'autre. Par chance, j'arrive à me trouver un coin d'ombre, où je pose une chaise et les deux accessoires qui vont devenir mes meilleurs potes d'ici peu : ma gourde remplie d'eau – que des *helpers* viendront remplir régulièrement, pour m'aider à vomir ; et le sopalin. Oui, le kambo, c'est à peu près aussi glamour que l'hydrothérapie du colon.

Eduardo prend la parole. Il nous dit à quoi ne pas nous attendre : à ce que tout ce qui nous afflige soit miraculeusement guéri. Puis, à quoi nous attendre, aussi : à subir un nettoyage profond, qui nous permettra d'évacuer un certain nombre de toxines... et aussi à passer un très sale quart d'heure. Eduardo lui-même avoue qu'à chaque fois qu'il prend le kambo, il se jure qu'il ne le refera jamais plus. Ça nous fait tous rire... mais bon, à ce niveau de la compèt, on ne fait pas trop les malins non plus.

Le venin fait vomir, mais pas tout de suite. Pendant un temps plus ou moins long, le torse se comprime, la respiration devient laborieuse, on a globalement la sensation de mourir. Pour ma part, je redoute toujours cette partie-là des retraites avec tonton. Un jour, c'était l'une de mes premières expériences, j'ai vu mon ami Peter recevoir le kambo et devenir livide, puis tomber en arrière, évanoui, tandis que James lui hurlait de respirer et lui jetait de l'eau glacée à la figure. Et ce n'est pas le seul exemple. Alors, j'imagine ce que tu te demandes, maintenant, cher·ère Dominique : « Est-ce qu'ils sont masos ? Pourquoi font-ils une chose pareille ? » Je n'ai pas de meilleure réponse que la meilleure des réponses : parce que ça en vaut largement la peine. Difficile d'expliquer plus que ça. De la même manière que je ne pourrais décrire le goût d'un fondant au chocolat à un Martien, ou la couleur bleue à un aveugle, c'est dur de décrire avec justesse ce que l'on ressent quand on a pris le kambo. Je dirais qu'on est régénéré, qu'on se sent renaître.

Et puis la séquence est la même que pour l'ayahuasca : on paye d'abord – on en chie un bon coup, parfois un sacré bon coup – et ensuite on a sa récompense. Rappelle-toi, Dominique, cette sensation de bien-être corporel après une grosse session de sport : le corps qui hurle sa gratitude... Multiplie par 100. Par 1 000. Ça ne décrit toujours pas l'expérience, mais ça commence à s'en rapprocher.

L'immense transition que l'on fait quand on commence à vraiment se donner de l'amour au quotidien – qu'on en donne à son corps et à son âme –, c'est de comprendre, et surtout de mettre en application, ce concept pourtant simple que tout a un prix. C'est vrai dans le monde matériel où un bon logement et certains objets ou services coûtent un certain montant. C'est vrai aussi concernant la santé physique et la sphère spirituelle. Sans cette prise de conscience, on a tendance à rechercher le plaisir immédiat – le shoot de sucre, l'orgasme, l'ivresse – et se préoccuper ensuite du prix que l'on payera (voire de tout faire pour l'oublier). Quand on s'entraîne pour une épreuve sportive, que l'on s'astreint à jeûner pour nettoyer son système digestif, ou qu'on se laisse administrer du venin de grenouille, c'est l'inverse que l'on fait : on met sa confiance dans l'idée qu'on est en train de se faire du vrai bien, profondément et sur la durée. Au lieu de jouir immédiatement d'un plaisir fugace qui va nous coûter par la suite, on décide de payer un certain prix pour obtenir, plus tard, quelque chose qui va nous nourrir. Cela ne veut pas dire que les plaisirs passagers sont mauvais en soi et que les contraintes imposées à soi-même sont bonnes par principe. Mais que si l'on veut se donner de l'amour plutôt que des shoots de dopamine éphémères, on va devoir mouiller le maillot, endurer quelques douleurs et/ou braver certaines peurs.

Ce matin, je suis un des premiers à passer. Avant moi, il y a Mirabella et Julian, qui doivent enchaîner (ces héros !) sur la préparation du repas. Comme d'hab, ils sont stoïques. Pas le temps de voir leur processus car, juste après qu'ils sont passés, je m'installe sur la chaise qu'ils ont chacun occupée le temps de l'inoculation, à côté de la table où mon chaman a posé son matériel. Le dispositif ressemble à l'administration d'un vaccin lambda. Jusqu'au moment où Eduardo sort le venin, une pâte blanchâtre qu'il transporte sur de petites planchettes recouvertes de film plastique. Il brûle un bâtonnet en bois et me regarde dans les yeux : « Combien de points ? » La tradition veut qu'on les administre en chiffre impair. Cinq, c'est la grosse dose. Sept, c'est pour les intrépides ou les mammouths. Trois, c'est pour les timides (dont je fais souvent partie). Aujourd'hui je suis motivé. J'ai vaincu les forces du mal, alors là, je suis en mode guerrier de la lumière. *Cinco, por favor Maestre*.

Avec le bout incandescent du bâton, Eduardo me fait cinq petites cloques sur l'épaule – cinq « points » dans lesquels, à l'aide d'un couteau, il applique la substance toxico-magique. Ça me fait mal quand il me brûle, mais je ne dis rien. Je fais le beau, on n'est pas là pour enfiler des perles. Enfin, il me tape sur l'épaule paternellement, me regarde du coin de l'œil et me souhaite un *bom trabalho*[8].

Je m'éloigne, m'assieds sur ma chaise et attends que ça monte. Au bout de quelques minutes à peine, je sens les effets du venin : mon rythme cardiaque s'accélère, la tension augmente au niveau de mon estomac et de mon torse, mon visage chauffe. Je continue à boire, un, deux, trois, puis quatre litres d'eau supplémentaires. N'en étant plus à mon premier rodéo, je connais mon rythme et je gère tout ça méthodiquement : je prends quatre énormes gorgées d'eau, puis je m'enfonce les doigts au fond de la gorge. Au début, je vomis surtout ce que j'ai bu. Après quinze minutes environ, le liquide devient jaune. La bile apparaît, chargée des toxines. C'est âcre, ça me dégoûte, mais c'est bon signe. Je refais plusieurs fois ma petite danse de l'eau et des doigts, et au bout d'un moment, l'eau redevient transparente. Ça y est. C'en est fini du calvaire.

Je l'ai fait, putain. Bravo, mon Jo, tu déchires.

8. « Bon travail » en portugais.

Je suis épuisé : je jeûne depuis la veille, ça fait trois jours que je dors deux heures par nuit – et quelles nuits ! Mais, quand on me suggère de passer au sauna pour parfaire mon travail de purification, je me lance. Ça fait du bien de suer après le kambo, paraît-il.

Dix minutes plus tard, je manque de m'évanouir. Je sors sans trop savoir comment je m'appelle, en super slow motion : les 300 mètres vers la douche ressemblent à un trek extrême. Quand j'y arrive enfin, je jouis quand même du pouvoir magique de l'eau sur la peau : ça fait du bien de se laver après tout ce vomi, après toute cette sueur. Puis je vais m'écraser à la salle à manger.

Je me mets à table, tout a une saveur divine. Je mange sans parler. Doucement mais sûrement. J'avais si faim.

Pas peu fier de mes accomplissements, je retourne enfin à ma chambre pour tâcher de me reposer avant la dernière cérémonie, qui sera le point final de cette semaine de maboule. Je m'écroule et, une fois n'est pas coutume, je sombre dans une sieste profonde. Quand je me réveille, il est déjà 20 heures, je mets un long moment à me rappeler qui et où je suis, et je constate que la sieste a eu raison de mon mood conquérant : je suis tout sauf prêt à en découdre. Entre la nuit en enfer et le venin de grenouille, je ne me sens pas du tout de boire un grand verre d'ayahuasca dans moins d'une heure et de retourner je sais pas où combattre je sais pas quoi. Même si j'ai déjà bu plusieurs soirs d'affilée lors de mes expériences de *feitio*, une cérémonie, c'est autre chose – c'est beaucoup plus fort – et je n'en ai jamais enchaîné quatre (ni même trois, d'ailleurs). Ce soir, je sens que je n'ai juste pas la force d'aller affronter mes démons. Je rêve de me cacher sous la couette devant un Pixar… sauf que là, je m'apprête plutôt à aller *vivre* le Pixar.

Lettre au Père Noël

Ma longue sieste m'a mis en retard, je suis l'un des derniers à entrer dans l'arène. Je prends place sur ma chaise et je griffonne dans mon carnet quelques notes sur mon état du moment. J'en ai eu des carnets, dans ma vie… Notamment des petits carnets de luxe pour noter mes gratitudes avant d'aller me coucher, et puis des grands cahiers de brouillon, aussi, dans lesquels je me parle à moi-même le matin, pour sortir mes poubelles mentales. Mais le carnet rose fuchsia qui m'accompagne ce soir est particulier. Il m'a coûté cher, c'est le carnet des grandes occasions. Je le sors pour prendre des notes lors d'événements qui me semblent majeurs (comme quand Eckhart Tolle est venu à Paris, récemment), et aujourd'hui, c'est surtout mon compagnon pour les cérémonies avec Eduardo : ce que j'y griffonne a souvent un fort impact dans ma vie, même si je ne le comprends, parfois, que des semaines plus tard.

Repensant à mes échanges avec les uns et les autres, ces derniers jours, je confie à mon carnet certaines prises de conscience : notamment ma propension à toujours rechercher l'avis d'autrui. À sans cesse demander conseil avant de prendre les décisions qui me semblent importantes.

Depuis le début de la semaine, comme à mon habitude, je n'arrive pas à me fier à mon propre jugement, j'ai l'impression de ne pas connecter avec mon intuition, de toujours m'en remettre à l'opinion de quelqu'un d'autre. Je connais bien ce penchant de ma personnalité, c'est même l'un des aspects majeurs de mon « type », pour le dire dans les termes de l'ennéagramme – une théorie ancestrale des personnalités, qui me passionne depuis plusieurs années.

L'ennéagramme est un système incroyable, dont on retrouve les racines dans les traditions mystiques des grandes religions monothéistes, c'est-à-dire chez les jésuites (chrétiens), les soufis (musulmans) et les kabbalistes (juifs). Un système qui fut plus tard employé par Jung et recodifié par Gurdjieff, pour aboutir à sa forme moderne. Aujourd'hui, l'ennéagramme est considéré comme une discipline solide – en atteste le fait qu'elle est enseignée dans les facultés de psychologie.

Le concept central de ce système de réflexion personnelle et d'évolution spirituelle est que nous correspondons tous à l'un des neuf types de personnalité existants : le numéro 1 (le Perfectionniste), le numéro 2 (l'Altruiste), le numéro 3 (le Battant), le numéro 4 (le Romantique), le numéro 5 (l'Observateur), le numéro 6 (le Loyaliste), le numéro 7 (l'Épicurien), le numéro 8 (le Leader) et le numéro 9 (le Médiateur). Il ne s'agit pas de prédictions basées sur les astres et les planètes, mais d'un système logique reposant sur l'idée que certaines qualités vont de pair avec certains défauts. L'ennéagramme nous explique qu'il existe neuf architectures de personnalité, de la même manière qu'un manuel d'architecture pourrait décrire neuf manières de construire une maison. À chaque individu correspond donc l'un de ces « plans », mais cette architecture n'est qu'un point de départ. Car chaque personne est comme une grande bâtisse à « ailes » multiples, dont une qui est son aile majeure, c'est-à-dire que cette personne sera grandement influencée par une autre architecture que la sienne, ou « ennéatype ». Et surtout, l'ennéagramme postule qu'il existe une évolution spirituelle propre à tous les types. Ainsi, un 2 « peu évolué » n'aura finalement que peu en commun avec un 2 évolué.

Pour se servir du système, il existe certes des tests, mais ceux-ci sont souvent peu concluants. C'est plutôt à chacun de se reconnaître en lisant une description de chaque type[9]. Bien sûr, certains experts de l'ennéagramme sont capables de deviner le type d'autrui, mais les enseignants de cette méthode poussent chacun à s'identifier par soi-même, car le fil rouge du travail est de mieux apprendre à se connaître soi.

Une fois notre type trouvé, le système nous indique les voies d'évolution spécifiques à notre personnalité. Mais l'exercice est moins facile qu'il n'y paraît, car nous sommes nombreux à ignorer qui nous sommes vraiment, à ne pas voir certains aspects de nos personnalités, pourtant bien réels – notre ombre, notamment – et à en fantasmer d'autres. D'ailleurs, les personnes qui étudient l'ennéagramme commencent souvent par se tromper sur leur type et se retrouvent par conséquent à appliquer des enseignements qui ne leur correspondent pas véritablement. J'en sais quelque chose. J'ai pensé pendant des années, tout comme ma mère et ma sœur qui sont, elles aussi, passionnées par l'ennéagramme, que j'étais un numéro 8, le « Leader » : le chef de clan, celui qui aime prendre les autres sous son aile, qui a du mal à se rendre vulnérable, etc. Le chemin d'évolution du leader, c'est apprendre à agir avec retenue, ne pas être trop autoritaire, ne pas craindre de dépendre d'autrui. C'est accepter d'agir avec plus de douceur et mieux accéder à sa propre vulnérabilité. Or, il y a quelques

9. On trouve une excellente description de tous les types dans le livre de Don Richard Riso et Russ Hudson, *La Sagesse de l'ennéagramme*, InterÉditions, 2018.

années, après avoir fait un stage sur l'ennéagramme à l'institut Esalen en Californie, j'ai pris conscience que je m'étais trompé. Que j'étais en réalité un 6, un Loyaliste. Contrairement au 8, dont la peur première est d'être contrôlé par autrui, la mienne était de me retrouver sans soutien, sans personne autour de moi pour m'indiquer le chemin à suivre. Et mon chemin d'évolution, en tant que numéro 6, était d'apprendre à gérer mon anxiété, à renforcer ma confiance en la vie, et surtout à faire mes propres choix sans avoir constamment besoin d'en référer à autrui. Sans toujours devoir réunir mon conseil Jedi pour prendre une décision. Sans déléguer la gestion de ma vie à un enseignant spirituel ou un chaman.

Y a encore du boulot, on dirait. Ces quatre derniers jours, je n'ai cessé de solliciter grand frère George, maman Viola, papa Eduardo… En bon numéro 6, je suis totalement déconnecté de ma propre intuition et rongé par la peur. Or, je sais, grâce à l'ennéagramme, que mon chemin d'évolution consiste justement à mieux m'écouter et à passer d'une recherche d'autorité extérieure à une recherche d'autorité intérieure. À devenir mon propre maître. C'est d'ailleurs toute la beauté de ce système, qui nous donne des points d'action concrets pour évoluer.

Mais savoir quelque chose au niveau mental, ce n'est pas la même chose que de le vivre au quotidien. J'ai beau projeter une image de confiance, la vérité, c'est que l'enfant en moi est terrifié à l'idée de se tromper.

Alors, juste avant que la cérémonie ne commence, pour éviter de revivre mon cauchemar de la veille, je vais voir George qui est à nouveau assis à l'autre bout de la salle, et je lui demande si, selon lui, je ne devrais pas y aller mollo et boire un plus petit verre. Sa réponse est catégorique : « Nein. Fais confiance au processus. Ne laisse pas ton ego interférer. » Selon son expérience, lorsqu'on ne boit pas assez, on peut se retrouver dans un entre-deux désagréable. C'est une situation que je n'ai jamais rencontrée, mais, comparée au tacle que je me suis pris hier, je ne peux pas dire qu'elle me fasse vraiment peur.

J'écoute attentivement, mais ce n'est pas la réponse que je voulais entendre. Tout en faisant oui de la tête, je vais donc faire un truc typique de numéro-6-en-quête-d'autorité-extérieure : je vais me rebeller contre cette autorité que j'ai moi-même sollicitée. Et ne pas du tout suivre la recommandation de George.

Le 6, en effet, est le type des paradoxes, et il développe souvent des comportements que l'on pourrait qualifier de « contre-phobiques » : c'est celui qui a peur du vide et va sauter en parachute, celui qui craint la solitude et va partir seul en voyage. Le dénominateur commun à tous ces comportements est la forte présence d'une peur. En l'occurrence, ce soir, je suis déterminé à écouter cette peur. Alors, juste avant qu'il ne prenne la parole, je m'approche de la table où Eduardo siège avec James et je lui demande de me servir moins – quitte à ce qu'il m'en remette une couche en cours de cérémonie.

Je retourne à ma place, soulagé. Pour beaucoup, la semaine a été folle, il y a eu de gros process. Tout en se concentrant sur notre propre travail, on s'est pas mal observés du coin de l'œil. On ne connaît pas toujours les détails de ce que chacun a dû affronter, mais on sent qu'on est nombreux à en avoir chié, globalement. Parfois, il suffit d'échanger un regard à la fin d'une cérémonie pour savoir que l'autre revient de loin.

Ce soir, je nous vois un peu comme un bataillon qui aurait traversé plusieurs combats et s'apprêterait à livrer son dernier assaut. Quelque chose dans l'air est palpable, on est bien plus soudés qu'au premier jour, où l'on s'appréhendait de loin, comme à la rentrée des classes. On en sait plus sur le groupe, un esprit d'équipe s'est installé, et bien que certains – comme moi – soient un peu échaudés, on est aussi prêts à faire honneur à notre travail commun et clôturer dignement la colo.

Cette fois, dans son speech introductif, Eduardo me semble en synchronicité avec les questions que je me pose. Il nous invite à faire confiance. À la plante, à la force de la médecine, à l'énergie de la forêt. L'aya est une école, nous dit-il, mais ce n'est pas une école comme les autres. Dans les écoles

« traditionnelles », les examens sont là pour nous montrer les progrès que l'on a déjà faits. Ici c'est différent : on passe l'examen le tout premier jour, et c'est ensuite – dans les jours, les semaines qui suivent – que l'on peut intégrer les enseignements acquis.

Il poursuit : l'ayahuasca est une « école de maîtres », mais la maîtrise que l'on y recherche est la maîtrise de soi. Ses paroles me rappellent la pensée de Lao Tseu : « Celui qui dirige les autres est peut-être puissant, mais celui qui s'est maîtrisé lui-même a encore plus de pouvoir. » Le but est de nous transformer en des personnes meilleures. Meilleures envers nous-mêmes, pour commencer. En nous « réalignant ». En mettant toujours plus de cohérence entre nos croyances, nos paroles et nos actes. Or, tout ne se joue pas au niveau individuel, insiste Eduardo : chaque âme qui se transforme et progresse contribue à l'évolution de la conscience. À l'évolution de l'espèce.

C'est l'heure. Juste avant que tout le monde ne se lève, je me pose la question de mon intention ce soir et je décide non seulement de la formuler mais de l'écrire dans mon carnet. Je demande à la plante :

1) d'être douce avec moi ;
2) de relâcher la douleur du petit Jonathan (et son besoin de constamment se référer à une figure d'autorité) ;

3) de me montrer comment mieux me mettre au service de l'évolution de la conscience ;
4) de m'aider à aller au-delà de la peur.

Ce ne sont plus vraiment des intentions, c'est carrément la lettre au Père Noël : comme l'enfant gâté en moi a la peau dure, je ne demande pas un, ni deux, mais quatre jouets. Et le plus dingue dans cette semaine de dingue, c'est que la plante va exaucer chacun de ces vœux.

Super Mario Jo

Pourtant ça commence mal. Avant même qu'on ait bu, je me mets à douter. Je me demande si je n'aurais pas mieux fait d'écouter George. Puis, après avoir pris mon petit verre de petit garçon et être allé m'allonger sur mon petit lit de camp, je me retrouve évidemment dans l'entre-deux contre lequel il m'avait mis en garde : je n'éprouve pas grand-chose, seulement de l'impatience. Mon mental va à 200 kilomètres-heure, pourtant je me sens très peu *borrachera*. Ce n'est pas comme quand mes pensées fusent et qu'elles me font traverser des galaxies de concepts à la vitesse de la lumière. Là c'est plutôt comme si j'essayais de conduire une Formule 1 dans un trois-pièces. Je ne suis pas satisfait, je ne suis pas rassasié. Et surtout, chose inédite en cérémonie : je m'ennuie. Je m'ennuie à tel point que, bientôt, je me sens habité d'une agitation presque suffocante… une agitation qui me surprend parce que cet état ne me ressemble pas du tout, moi qui ne m'ennuie jamais…

Et pourtant… Il y a, paradoxalement, quelque chose dans cette situation qui me semble vaguement familier… qui remonte à très loin… oui, c'est ça, des décennies en arrière… Soudain, j'ai une nouvelle révélation, fulgurante : ce mental qui va beaucoup trop vite, cette impatience, cet ennui… ce sont les sensations de mon enfance. Ce sont les ressentis que j'expérimentais si souvent quand j'étais petit et qui ont disparu autour de mes dix ans, quand j'ai enfin commencé à tisser des liens significatifs avec mon père et avec des enfants de mon âge. J'avais complètement oublié ce goût-là… alors que je le connais mieux que tout. Je suis en train de croquer à pleines dents dans ma madeleine de Proust, je suis le critique Anton Ego dans *Ratatouille*, qui vient de prendre une bouchée du plat éponyme et se retrouve propulsé, comme au travers d'un vortex temporel, dans son enfance.

Je suis scotché par le nouveau tour de passe-passe de maman aya, qui m'envoie à nouveau trente-cinq ans en arrière. Sauf qu'hier j'assistais à un film sur mon passé et, ce soir, c'est mon passé qui vient habiter mon présent. Hier, je m'observais comme si j'étais une autre personne, et la douleur de cette autre personne me revenait. Ce soir, il n'y a plus d'image, plus de vision : le trip (et quel trip !), c'est que tout ce que je vois, tout ce qui se déroule dans le présent, passe par le filtre de l'enfant que j'étais, sa grille de lecture du monde, son mode de fonctionnement. Je suis passé du film au jeu vidéo.

À cet instant, nous sommes deux à l'intérieur de moi. Il y a le Jo adulte, qui est émerveillé par la puissance de la plante et par l'expérience si belle et poétique qu'elle lui offre. Mais il y a surtout le petit Jo qui, lui, ne tient pas en place, qui veut quelque chose en plus, vite ! Et la deuxième dose d'aya qui ne vient toujours pas… il va falloir attendre, c'est long…

Oh ! mais oui, du rapé ! La voilà la bonne idée.

Je me lève, je sors de la salle, je m'assieds sur une chaise dans le couloir, je prends le tabac chamanique. Et instantanément je regrette d'avoir agi sur cette pulsion. Car l'effet que je ressens est hyper désagréable. Je suis mal, maintenant. J'ai la nausée.

C'est un peu chaud, mais la plante est quand même plutôt sympa : cette fois, elle me met juste une tape sur la main, comme à un petit enfant avec un message gentil mais ferme. C'est sa manière de me rappeler le discours d'Eduardo, en début de cérémonie, à savoir la nécessité de faire confiance : de ne pas venir interférer avec le process. Elle me démontre, cette fois sous un jour nouveau, cette tendance, si forte en moi, à rechercher « toujours plus ». Cette tendance qui m'a toujours semblé naturelle, universelle, même.

Pourtant, si j'y réfléchis, je vois que ce n'est pas le cas. Je pense à ma sœur Zelda, de douze ans ma cadette, qui sur ce point est tout mon contraire. Je me rappelle l'avoir souvent entendue dire, quand on voulait lui faire un cadeau ou lui donner de l'argent à Noël ou pour son anniversaire, que c'était trop, qu'elle n'avait pas besoin de tant. Quelque chose qui, dans mon esprit d'enfant, aurait été to-ta-le-ment inintelligible.

Le sentiment d'être à nouveau le petit Jo ne se limite pas à mes pensées et mes émotions. Il se passe maintenant un truc étrange : tout en moi redevient enfant. Je suis le petit Jo dans ma tête, mais aussi dans mon corps : quand je vais de mon matelas à ma chaise, quand je me lève pour aller aux toilettes, ma démarche est enfantine. Je me sens maladroit. J'ai la sensation d'être littéralement dans mon corps d'enfant. Les manches de mon pull me semblent trop longues, et quand je me déplace, j'ai l'impression de piétiner le bas de mon pantalon. Je ne marche pas comme Jonathan, quarante-deux ans, auteur, conférencier, entrepreneur. Je marche comme Jonathan, huit ans, qui se fait discret au milieu d'une soirée d'adultes parce qu'il a peur qu'on remarque sa présence et qu'on lui dise d'aller au lit.

Eduardo et James chantent et jouent de leurs instruments – percussions pour le Brésilien, guitare pour le Slovène. Et moi j'ai chaud, de plus en plus chaud. Normalement, sauf urgence, on est censé attendre la fin d'une chanson pour enlever ou remettre une couche de vêtements, boire de l'eau ou faire quoi que ce soit qui risque de perturber les autres dans leur concentration. Mais moi, j'ai vraiment trop chaud, alors je m'agite pour enlever mon sweatshirt et je fais basculer ma bouteille en métal. Elle tombe sur le sol en faisant un énorme bruit. C'est comme si j'avais tapé un strike au bowling : le « boum » de métal sur le béton sort tout le monde de sa méditation. Je ne sais plus où me mettre, j'ai juste envie de me cacher, de faire « retour rapide », comme au temps des magnétoscopes. Même George, à l'autre bout de la pièce, se tourne vers moi et me lance un regard exaspéré.

J'ai honte. Je sais que j'aurais dû attendre. Et puis j'ai peur de ce que George va penser de moi. Je suis tel un enfant dont l'estime qu'il a de lui dépend de l'approbation des adultes, et qui a fait la bêtise contre laquelle on l'a pourtant si souvent mis en garde.

Dans son livre *Prendre soin de l'enfant intérieur*, Thich Nhat Hanh explique que toutes nos agitations proviennent de l'enfant blessé en nous et qu'afin de dépasser nos comportements limitants, il est essentiel d'établir un dialogue quotidien avec cet enfant : non seulement d'écouter ce qu'il a à nous dire, mais aussi de lui parler, de le rassurer… Ça rejoint finalement ce que me disait Viola quelques heures plus tôt. Quand je renverse cette maudite bouteille et que je m'inquiète de ce que les autres vont penser de moi, ce n'est bien sûr pas la première fois que je conditionne l'estime que j'ai de moi-même au jugement d'autrui. Au contraire, c'est même le cœur de ce que je peux appeler mon narcissisme. Je n'apprends donc rien que je ne sache déjà. Mais la puissance de l'expérience, ce soir-là, se trouve plutôt dans la nouvelle perspective que j'acquiers sur ce mécanisme. En effet, j'ai beau savoir intellectuellement, grâce à mes lectures, que c'est notre enfant blessé qui est à l'origine de ce genre de schémas narcissiques, en devenant temporairement cet enfant, je vois bien plus clairement sa sensibilité, sa peur du regard de l'autre, et je sais désormais mieux comment le rassurer. Je passe d'une connaissance rationnelle à une connaissance empirique : c'est comme si lire sur le thème de l'enfant intérieur avait été l'équivalent de lire toutes sortes de critiques culinaires sur un même plat, mais que là, pour la première fois, j'avais la chance de le goûter.

Je ne suis pas le seul, apparemment, à me faire remarquer cette nuit. Un autre grand enfant s'agite dans la pièce, et ça dure depuis un moment : Cobra. Il est tellement turbulent que Dhalsim, qui est revenu ce soir à son poste de pompier de la cérémonie, a dû plusieurs fois venir le déloger de sa chaise pour l'emmener faire un tour et l'empêcher de déranger tout le monde. Mais Cobra continue. Il gigote, il fait du bruit.

Il finit même, entre deux chansons, par s'adresser à Eduardo. Comme si on était à une conférence et qu'il pouvait poser une question. Il parle en portugais, donc je ne comprends pas tout, mais il a l'air de lui dire, en gros, qu'il en a marre, qu'il vit un process difficile et qu'il aimerait savoir quand ça va s'arrêter. Tout le monde retient son souffle, George semble au bord de la syncope.

Eduardo réagit avec le sourire et suit la même ligne directrice qu'à son habitude : la compassion, à savoir le non-jugement et la compréhension. Moi, je suis médusé. Un peu amusé, aussi. Lors des cérémonies, en effet, il arrive que plusieurs participants vivent des process semblables, et ce soir, chez Cobra, je ressens fort l'énergie de l'enfance, l'agitation, l'égocentrisme… Cette manière si caractéristique de s'adresser aux grandes personnes, en tapant du pied. Nous sommes deux enfants, aux personnalités différentes, mais animés chacun par une forme de rébellion. Quand je le vois se faire gronder, j'éprouve même un peu de *Schadenfreude*, comme disent les Allemands, cette joie malsaine qui nous vient du malheur d'autrui. Une joie de sale gosse. Autrement dit : je suis content que ce soit lui et pas moi.

Mais j'éprouve aussi de la tendresse pour Cobra parce qu'on joue clairement dans la même équipe, ce soir. D'ailleurs, au-delà de ces aspects de l'enfance que je revis et qui me confrontent aux jugements des autres sur ma personne, à l'autorité et à la discipline, je remarque quelque chose de nouveau : je ressens beaucoup d'amour pour cet enfant en moi. Tellement d'amour que je prends conscience qu'il n'est pas question, en fait, de le cacher ni de le réformer. Mais au contraire de l'embrasser. De le chérir. Il n'est pas une de mes faiblesses, mais une de mes plus grandes forces. L'épisode Caroline m'a fait douter de ça. Je me suis dit que ça suffisait, qu'il fallait que je dise au revoir au petit Jo et que je devienne enfin l'homme que je devais être. Mais c'était une fausse piste. Je comprends maintenant pourquoi, juste avant la cérémonie, j'ai eu le réflexe de bloquer toute possibilité de communication entre Caroline et moi. Le chemin que me montre la plante aujourd'hui n'est pas celui que j'avais imaginé : pour évoluer et progresser, je dois laisser toute sa place à ma part naïve, parfois maladroite, souvent hyper enthousiaste, trop honnête... Cette part de moi, surtout, qui aime tant jouer.

Maintenant que je vois mon enfant intérieur, que j'ai revécu sa tristesse et son agitation, que je l'ai reconnu, je sais qu'il pourra moins prendre le contrôle de ma personne sans que je m'en rende compte. Je sais que ses blessures ne pourront plus dicter ma conduite. Comme dit Erich Fromm, on ne peut aimer que ce que l'on connaît. Connaître enfin cet enfant, c'est donc un pas immense dans ce travail d'amour de moi-même.

Bouquet final

Vers le milieu de la cérémonie, Eduardo arrête la musique, il se lève et contourne la table où il siège pour venir au plus proche de nous. J'ouvre les yeux et je le regarde. Pour la première fois de la semaine, il s'adresse à nous pour parler du Covid. Nous sommes en août 2020, « déconfinés » depuis à peine deux mois : le virus est toujours assez mal compris, la propagation loin d'être maîtrisée, et il n'y a pas encore de vaccin à l'horizon. On est, certes, sortis du climat de psychose des toutes premières semaines, mais l'inquiétude est encore grande, et le thème chargé.

Quand le chaman se met à parler de l'épidémie, il y a soudain un changement d'énergie dans la salle, l'atmosphère se tend, c'est palpable. J'avale ma salive, je suis assis au bord de ma chaise, je sens le groupe pendu aux lèvres de notre maître de cérémonie. Qui aurait cru, nous demande-t-il, que la troisième guerre mondiale se jouerait contre un ennemi invisible ? Il nous parle de ce qu'il a vu, grâce à la plante, sur la signification de la pandémie. Eduardo pense que le Covid est une réaction à nos dérives, une manière de nous forcer à « rentrer chez nous » au sens propre et au sens figuré : à nous recentrer sur notre monde intérieur ; à remettre en question nos vieux paradigmes et tout ce que l'on considère comme faisant partie d'une existence normale. Eduardo insiste : il y a une intelligence supérieure derrière tout cela, une puissance que l'on pourrait appeler divine. Son intention est d'éveiller les consciences afin de nous faire évoluer en tant qu'espèce.

Ces mots d'Eduardo mobilisent tout mon être, et ils vont faire écho en moi longtemps après cette nuit, chaque fois que je verrai ou entendrai quelque chose me montrant à quel point cette pandémie a porté les fruits d'une évolution personnelle et collective. En écrivant ces mots, je repense à ma mère, qui grâce au premier confinement a appris à ne pas remplir ses journées, à arrêter de courir sans cesse, à se retrouver seule avec elle-même, à apprécier le silence et contempler la magie du rien. Je repense à la directrice de ma maison d'édition, avec qui l'on parlait de l'évolution spirituelle que vivaient de nombreuses personnes depuis le début de la pandémie. Elle me disait ne pas se sentir concernée, ne se voyant pas elle-même comme quelqu'un de spirituel... pour m'expliquer le moment d'après à quel point le Covid lui avait permis de développer sa connexion à la nature et d'approfondir les liens avec sa famille.

Je repense à toutes ces personnes qui ont décidé de quitter les villes pour respirer un air meilleur et redécouvrir des valeurs plus simples. À l'essor incroyable de la pratique de la méditation, pendant cette période...

Mon propos n'est évidemment pas de nier les nombreuses souffrances qui ont résulté de la pandémie, mais d'observer ce qu'elle a aussi engendré de bénéfique sur le plan de l'évolution collective. En chinois mandarin, le mot « crise » s'écrit avec deux idéogrammes signifiant conjointement « danger » et « opportunité », soulignant cette idée que toute période difficile contient en elle les graines de changements positifs.

Avant d'entendre Eduardo parler, ce soir-là, je ne m'étais jamais imaginé que tout ceci puisse faire partie d'un plan plus grand. Il y avait cette épidémie, c'est tout. Certes, depuis une dizaine d'années, ma vision de la vie s'est peu à peu transformée, et alors que je n'ai longtemps cru qu'aux faits démontrables scientifiquement, je me suis mis, au fil du temps, à sentir l'existence d'une intelligence supérieure. Mais, jusqu'à cette nuit d'août, je n'avais tiré aucune conclusion du Covid. Pourtant, en écoutant Eduardo, et avec la force de la plante en moi, j'ai comme un flash de compréhension. Il existe une intelligence consciente, une force plus grande que celle de nos facultés mentales, qui sait ce qu'elle fait. Elle ne nous appartient pas, nous en faisons partie, nous sommes connectés à elle et elle à nous. Au plus profond de mon être, pour la première fois, j'ai l'impression de voir clairement que cette crise a un but, et que ce but est l'ouverture des consciences et le passage à un nouveau stade de notre évolution.

Quand j'y repenserai, plus tard, le sens continuera de s'accroître en moi. Je sais bien – j'en ai souvent fait l'expérience – qu'il n'y a pas de croissance sans douleur. Et que ce qui est vrai au niveau individuel l'est a fortiori au niveau collectif. Cette épidémie n'est pas un hasard, elle participe à l'intensification de ce qui va mal dans le monde mais aussi de ce qui va bien. Elle vient accélérer la transition vers le monde de demain. À l'heure où j'écris ces mots, nous avons encore trop le nez dedans pour comprendre les implications de ce que nous sommes en train de vivre : nous sommes tellement préoccupés par telle mesure, telle règle, telle évolution dans l'épidémie, par la vie au jour le jour, que nous ne nous voyons pas évoluer en tant qu'espèce. De la même manière que si je me regarde dans le miroir, jour après jour, je ne me vois pas vieillir – j'ai juste, de temps à autre, la prise de conscience que j'ai vieilli.

Pourtant l'évolution est bel et bien en marche. Elle l'a toujours été, depuis l'époque où nous étions des grands singes jusqu'à aujourd'hui. Mais elle semble s'accélérer à chaque nouvelle révolution. Comme l'explique Yuval Noah Harari dans *Sapiens*, il y eut d'abord la révolution cognitive, où l'acquisition de l'outil du langage nous permit de coopérer à un niveau auquel aucune autre espèce animale n'avait pu communiquer jusqu'ici. Puis la révolution agricole, qui nous sortit du mode survie pour nous mettre en quête du bonheur. La révolution industrielle, qui marqua le début de notre société moderne. Aujourd'hui la révolution technologique, qui fait que le monde change à une vitesse sans précédent. Et qui participe, notamment grâce à la démocratisation de l'accès à la connaissance, à l'arrivée prochaine d'une nouvelle révolution : celle de notre conscience, avec la mise à l'écart des vieux schémas destructeurs, et un passage progressif à une ère où l'amour entre les êtres ne sera plus l'exception mais la norme.

La vibration que je perçois d'Eduardo est incroyable. Il m'est arrivé, par le passé, de trouver qu'il radotait, qu'il s'écoutait parler, qu'il était un peu trop fier de lui. Mais là, je le sens connecté comme jamais. Ce n'est pas son ego qui parle, ça parle à travers lui. Je me dis que c'est le grand soir d'Eduardo, et moi qui l'ai si souvent remis en question, qui ai si souvent cru voir des manifestations plus ou moins gênantes de son ego, je déborde de joie et de gratitude pour son leadership, son intelligence et sa bienveillance. Je sens qu'il a une vision claire sur notre place dans ce monde, sur le travail de la plante pour contribuer à notre évolution, et sur son rôle de serviteur dans ce processus.

Il doit être aux alentours de 2 heures du matin quand il ouvre à nouveau le bar magique et, comme à son habitude, invite ceux qui le souhaitent à venir boire un verre supplémentaire de la médecine sacrée.

La deuxième tournée est optionnelle. Il y a ceux qui vont reboire systématiquement. Pour ma part, c'est quelque chose que je fais rarement. D'abord parce que je me sens la plupart du temps terrassé par le breuvage et que j'ai, en général, l'impression d'avoir reçu assez d'enseignements et/ou de tartes dans la gueule pour une session. Aussi parce que je suis souvent vidé physiquement après la première prise, donc peu motivé pour refaire un tour de bateau pirate de l'espace. Mais ce soir, c'est différent. Une fois n'est pas coutume, je sais depuis le début que je vais boire une deuxième fois : parce que je veux sortir de l'entre-deux où je suis coincé ; parce que c'est le dernier soir de la semaine ; et parce que, fort de cette première demi-cérémonie où je n'ai pas eu envie de me suicider, je suis plus en confiance que je ne l'étais quelques heures plus tôt.

Je me lève de ma chaise et m'insère dans la file des courageux qui serpentent autour de la table d'Eduardo. Je suis fier d'en faire partie aujourd'hui. Je sens que j'ai besoin de ce que je vais recevoir. Quand vient mon tour, je m'approche enfin d'Eduardo, le torse bombé. J'aime me voir fort. Il y a là un poil de narcissisme, évidemment, car j'ai souvent regardé avec admiration ceux qui allaient boire une seconde fois alors que je restais cloué à mon siège par la peur ou la fatigue. J'adore ce bref moment, avant que le chaman ne me tende le verre, où son regard me transperce, où je sens son encouragement, son amour, son respect.

Quand on est déjà sous l'effet de la plante, il n'en faut pas beaucoup, lors de la seconde prise, pour partir loin. Et c'est bien ce qui se passe : en à peine une demi-heure, je m'envole dans les étoiles à bord d'une fusée intergalactique, je rentre en totale *borrachera*. Je sens immédiatement que c'est le grand dénouement de la semaine, le bouquet final du feu d'artifice.

Je suis assis sur ma chaise, Eduardo et James jouent de la musique divine et moi je suis happé : je danse avec mon torse, mes bras, mes coudes et mes poignets. Je danse comme je n'ai jamais dansé de ma vie, mon corps est habité, comme si une grâce inconnue s'était emparée de moi. Je ne savais même pas que je pouvais bouger de cette manière. Et puis, surtout, il se passe un truc étrange dans ma tête : mon mental est silencieux. Les informations que je reçois me semblent venues d'ailleurs, canalisées. Mon radio-cerveau n'avait jamais eu accès, jusqu'ici, à une fréquence aussi juste. Je suis dans un état de pure extase, de pure connexion, de pure compréhension. La plante me porte, elle vient me rappeler la magie de l'univers, la magie de ce qu'on ne voit pas et dont on doute si souvent. La magie du divin. La magie de la foi.

Je croule sous une avalanche d'informations sur la vie et sur ma vie. Je contemple mon travail. Pour la première fois, je l'observe depuis une perspective différente, je sens que je dois y opérer un changement. Depuis la création des Antisèches du Bonheur il y a quelques années, j'ai passé la plus grande partie de mon temps à vanter les mérites d'une pratique régulière de la méditation et de la gratitude car ce sont, à mon sens, les piliers du bonheur et de l'éveil de la conscience. Il m'importait de ne pas seulement raconter des choses intéressantes, mais d'employer des mots qui puissent pousser à l'action. M'inspirant de mon étude du marketing, j'ai cherché un message simple et percutant, que je n'ai, par la suite, cessé de répéter afin qu'il touche le plus grand nombre : *10 minutes de méditation par jour changeront votre vie. Il faut 10 jours pour en expérimenter les bienfaits, soit un investissement de 100 minutes, à savoir la durée d'un mauvais film. Combien de mauvais films regardez-vous chaque année ? Et si vous en éliminiez un pour tester une pratique capable de totalement transformer votre perception du monde ? Etc.*

Je n'ai évidemment rien inventé avec ces histoires d'habitudes de méditation et de gratitude. En revanche, j'ai pu constater qu'interpeller les gens, les pousser dans leurs retranchements, aller jusqu'à la limite de la soûlerie dans mon obstination pouvait avoir sur un grand nombre l'effet escompté, à savoir les faire passer du stade du « ouais, OK, faudra que j'essaye un jour... » à celui du « purée, il a raison, je tente le coup dès demain matin ». Alors j'ai passé beaucoup de temps à répéter les mêmes choses, sur mon histoire personnelle, sur la tyrannie du mental, sur l'importance de la pratique de la méditation, dans le cadre de conférences, d'ateliers, d'interviews, parfois comme un disque rayé. Mais là, je vois que je tourne une page. Ou plutôt que j'ai atteint un autre stade de mon évolution professionnelle. Il fallait, en premier lieu, que j'apprenne à faire de la mégavulgarisation, à me servir de mes connaissances en communication et de ma grande gueule pour rendre attrayant un mode de vie – la voie méditative – que beaucoup perçoivent encore comme austère. À m'adresser de prime abord aux personnes recherchant une explication cartésienne de l'engrenage. Je l'ai fait, et plutôt bien je crois. Je suis fier de ça et conscient que cette énergie sera toujours présente dans mon travail, d'une façon ou d'une autre. Mais aujourd'hui la plante me dit que mon travail touchera celles et ceux qu'il doit toucher, et que je peux – que je dois, même – faire confiance à la vie pour ça : que mon chemin se trouve désormais ailleurs que dans l'argumentation. Que je dois me concentrer surtout sur l'écriture et sur la création de méditations guidées, car c'est ce que j'aime faire le plus et, surtout, c'est ce qui est le plus susceptible de faire une différence dans la vie des gens. Qu'il ne s'agit plus pour moi de convaincre, mais de témoigner.

Jeanne et... Jo

Et puis, cette nuit-là, je reçois la vision la plus belle de toute ma vie. La réalisation la plus enthousiasmante que j'aie jamais eue : la plante me parle de Jeanne et je sens s'intensifier la connexion avec elle. C'est comme si toutes les fibres de mon corps l'appelaient à moi. Je pressentais déjà que quelque chose allait se passer avec elle, mais ce que je vois et ressens va largement au-delà. Cette fois, c'est comme un coup de tonnerre. Jeanne est ma partenaire de vie. Et je vois aussi ce que cela implique : la relation avec elle ne sera pas pour mon plaisir personnel. On va, certes, vivre ensemble de bons moments. Cependant, ce couple sera différent des précédents car son but sera de nous soutenir mutuellement. De faire de nous des coéquipiers. De nous donner de l'énergie plutôt que de nous en prendre l'un à l'autre. Mais aussi de nous mettre chacun face à nos propres zones d'ombre, afin de nous apprendre à mieux nous aimer nous-mêmes, et donc à mieux aimer l'autre.

Je vois avec clarté que ça y est, je peux passer au niveau suivant du jeu vidéo. Je n'étais pas prêt, auparavant, à vivre une vraie relation d'amour, une relation éveillée : il fallait que je fasse des erreurs, que je choisisse mes compagnes pour les mauvaises raisons. Ces erreurs étaient nécessaires pour que j'évolue. Pour que je puisse enfin devenir, selon la formule trouvée par mon amie Sarah, la personne que la femme de mes rêves rêverait de rencontrer.

Moi qui commençais à me dire que les relations amoureuses, ce n'était pas pour moi et que je n'y arriverais jamais, que j'étais condamné à répéter les mêmes erreurs, je me découvre d'une minute à l'autre la conviction que je vais faire ma vie avec Jeanne, cette femme rencontrée il y a quelques mois et que je n'ai vue qu'une poignée de fois. Cette femme que je n'ai même jamais embrassée. Et avec qui, jusqu'ici, il n'y a pas vraiment eu d'ambiguïté. Alors que la cérémonie bat son plein, je note dans mon carnet d'« acheter un bon oreiller à Jeanne », parce que je n'en ai plus qu'un chez moi et que je sais à ce moment – je le sais comme deux et deux font quatre – qu'elle va bientôt venir dormir à la maison. Et ça me fait marrer tout seul.

La cérémonie touche à sa fin, l'atmosphère est incroyable, c'est l'apogée, maintenant. Il y a une sorte d'extase partagée, tout le monde bouge en harmonie, l'ensemble des participants semble former un organisme unique et on dirait que tout opère par synchronicité. J'ai l'impression que je vais exploser tant je ressens d'amour et de gratitude.

Quand la lumière se rallume, alors qu'Eduardo a mis une musique enjouée, je danse brièvement avec Mirabella et Julian, puis je me laisse totalement guider par la plante et je commence à ranger mes affaires. C'est le dernier soir, il faut remettre les chaises à leur place, enrouler les tapis de yoga, ramasser les effets personnels laissés dans la salle de cérémonie depuis le début de la semaine. Je sens toujours ma maladresse infantile. J'ai du mal à coordonner mes mouvements, je suis pataud et je manque d'efficacité. J'ai des affaires plein les bras, du mal à savoir où va quoi, la *borrachera* est encore bien forte et, comme souvent, alors que tout le monde s'active, je suis à la traîne.

Vas-y, Jo, *focus*, c'est pas le moment de faire le petit enfant.

Après avoir plus ou moins adroitement participé à l'effort collectif, je quitte la salle et me dirige vers le feu qui brûle à l'extérieur, juste sous le deck. J'ai l'impression que la plante a pris possession de mon corps, qu'elle me porte et me guide, que je n'ai rien d'autre à faire que de suivre le flow. Je m'assieds près des flammes. Frank, un Américain qui vit en Hollande et avec qui j'ai déjà participé à une cérémonie à Berlin, vient s'asseoir à côté de moi. Il porte une coiffe incroyable faite de plumes d'oiseaux et provenant d'une tribu amazonienne qui travaille avec l'aya. Il commence à me raconter l'histoire de cette folle coiffe et la manière dont il a, lors d'une cérémonie précédente, connecté aux esprits des oiseaux. Sa dégaine me fascine, j'ai l'impression d'être en présence d'un chef indigène. Il me demande si je veux bien le conseiller sur un problème qui le turlupine. *Natürlich, amigo*. Sa question concerne ses rapports avec son ex-femme, qu'apparemment il n'arrive pas à gérer : ils sont séparés mais ont des enfants ensemble et leur relation est désormais toxique. Il se demande comment réussir à être aimant avec elle alors qu'elle semble déterminée à lui en faire voir de toutes les couleurs.

À ce moment, je me sens encore sous l'effet de mon incroyable *borrachera* et j'ai l'impression de canaliser des informations provenant d'ailleurs. Je suis en direct sur Radio Ayahuasca, en mode DJ cosmique. Ce n'est pas moi qui parle… ça parle à travers moi : de l'importance, quand on ne se sent pas respecté par quelqu'un, de nous poser la question de la souffrance à la racine du comportement qui nous dérange. De ne pas se focaliser sur l'ombre de l'autre, mais de tâcher de comprendre en quoi cette ombre est un mécanisme de défense et quelle blessure a forcé la personne à se protéger ainsi. Autrement dit, d'appliquer la recommandation d'Erich Fromm qui nous invite, si l'on veut diminuer la force de l'ego et augmenter celle du cœur – si l'on veut savoir aimer –, à passer du jugement à la compréhension.

Quant à notre propre ombre, qui vient réagir au comportement d'autrui sous la forme d'émotions gênantes – comme la colère ou la culpabilité –, plutôt que d'essayer de la chasser, je conseille à Frank d'apprendre à la laisser vivre à l'intérieur de lui et à lui donner de l'amour.

Je lui parle aussi de l'importance des *boundaries* (les frontières), ce principe engrenagé selon lequel il est essentiel de savoir placer de bonnes limites avec les autres, surtout si ces autres nous mettent en difficulté. C'est encore Matt Kahn qui le dit : quand il y a de l'abus dans une relation, c'est qu'il y a un problème de frontières, qu'il faut changer le cadre et mettre en place des limites plus saines. Concrètement, cela implique de déterminer ce que l'on peut dire à une personne ou entendre de sa part, la fréquence de nos interactions avec elle, et d'apprendre à ne pas évoquer certains thèmes ni se mettre dans certaines situations susceptibles de réveiller notre corps de souffrance. D'apprendre à ne pas activer cette puissance destructrice qui sommeille en nous, en notant les signes avant-coureurs d'une émotion gênante et en prenant le temps de se calmer, d'observer ses sensations physiques, de les accepter, de méditer, pour éviter, si possible, de se laisser submerger et de faire ou dire des choses que l'on pourrait regretter ensuite. (Et quand je dis ça à Frank, je parle d'expérience, parce que j'en ai cassé des objets et claqué des portes, à ne pas m'observer suffisamment et à laisser mon corps de souffrance prendre le contrôle.)

Ce n'est vraiment pas la première fois que je partage avec quelqu'un des idées engrenagées, mais à ce moment-là je me sens un enseignant comme jamais auparavant. Je sens que, même si je suis toujours en chemin, et bien loin d'un illusoire éveil, j'ai quelque chose à partager avec autrui sur la voie spirituelle.

D'autres personnes viennent s'asseoir au coin du feu, et alors que je suis encore en train de penser à la vie, la mort, l'amour et la Terre, la conversation s'oriente doucement vers... l'immobilier au Portugal. *What?* OK, c'est un signe, on dirait que la vie m'appelle ailleurs. Telle une marionnette mue par des forces venues de l'invisible, je me lève, m'excuse poliment, et me dirige vers la salle à manger où le buffet de Mirabella et Julian est de retour.

Mes mains prennent des mini-quantités de presque tous les plats, mes jambes m'emmènent ensuite vers une table à l'extérieur, où je m'installe à côté de mon amie Charline. Le truc qui travaille Charline en ce moment, c'est la weed. Et ça, contrairement à l'immobilier au Portugal, je connais. Charline a un historique avec les substances similaire au mien, et sa grosse addiction à la weed a été un élément majeur de son process pendant la semaine.

Après le premier soir, elle me parlait de ses interrogations par rapport à tout ça : elle se rendait bien compte, grâce à l'information reçue pendant la première cérémonie, que fumer beaucoup d'herbe était un obstacle à son évolution... mais elle ne voulait quand même pas abandonner son petit pétard d'amour. Je voyais en elle ces aspects de l'addiction que j'ai si souvent pu observer en moi : le déni quant aux méfaits de nos comportements addictifs, ainsi que les négociations avec soi-même pour tâcher de progresser et se donner bonne conscience, sans être prêt, pour autant, à lâcher pour de bon le boulet qu'on se traîne. À ce moment-là, Charline m'expliquait qu'elle ne voulait pas arrêter, mais plutôt trouver un bon équilibre, à savoir fumer moins. Je l'écoutais poliment, en tâchant de ne pas trop intervenir et en me mordant les lèvres pour éviter de lui dire que, dans le cas des addicts comme nous, les petites négos, ça ne servait à rien. Que lorsqu'on identifiait un comportement nocif et qu'on n'arrivait pas à le gérer, il n'y avait pas d'autre choix que d'arracher le pansement. D'un coup sec.

En l'écoutant ce quatrième soir, je vois qu'elle est arrivée à la même conclusion. Étant empêtrée, au quotidien, dans la fumée de cannabis, et donc dans une forme d'anesthésie de ses propres émotions, elle s'est rendue à l'évidence que la weed était une fuite hors d'elle-même et qu'elle allait devoir y mettre un stop. Elle me dit que pour marquer le coup elle a décidé, cette nuit, qu'à son retour à Hambourg elle brûlerait toute son herbe et qu'elle ferait de sa résolution une petite cérémonie enflammée. Je souris car ça me rappelle tellement de souvenirs… de sachets de coke donnés en offrande aux dieux de la chasse d'eau lors de lendemains de teufs, le tout accompagné de promesses vides que je ne recommencerais plus… de rapé ou de weed qui, plus récemment, subirent le même sort… ou se virent, avec plus de clémence, « confiés » à mon ami Anthony afin qu'il les garde chez lui ou les consomme s'il en avait envie, pourvu que moi, je n'y aie plus accès.

D'ailleurs, tout de même un peu choqué à l'idée qu'on brûle de la bonne weed, je raconte à Charline la cérémonie que j'ai moi-même orchestrée il y a quelques mois, la dernière fois que j'ai arrêté – et où j'ai enfin réussi à me sevrer du pétard. Ça me faisait mal au cœur de gâcher de l'herbe, alors j'avais scellé les quelques grammes qui me restaient dans un sachet Ziploc et je l'avais jeté depuis mon balcon, au troisième étage. Je m'attendais à ce qu'il tombe dans le jardin, en bas, et que le jardinier le trouve – je me disais qu'un jardinier saurait forcément quoi faire avec de la bonne weed. Sauf qu'au lieu d'atterrir dans les buissons, comme c'était le plan, le petit sac avait fait un looping dans l'air et était allé s'échouer sur le balcon des voisins, un étage au-dessous.

Avec Charline, on commence à imaginer la réaction du voisin trouvant sur son balcon, un beau matin, un joli sachet de weed. Éclat de rire partagé sur la weed qui tombe du ciel… la weed de Dieu !

Le dîner terminé, je retourne m'asseoir au coin du feu. Le jour commence à doucement se lever, tout le monde est allé se coucher et il ne reste plus qu'Albert et moi. C'est l'heure du rapé avec mon copain. Beau moment de silence partagé, suivi de la petite conversation engrenagée qui fait du bien.

J'aspire le tabac chamanique par le nez et la *borrachera* reprend du poil de la bête. Je repense aux mots d'Eduardo sur la signification du Covid et j'ai soudain une vision, claire comme de l'eau de roche, sur le futur de notre espèce. Sur l'évolution de la conscience : je vois que les générations futures regarderont notre monde d'aujourd'hui de la même manière que nous regardons les Cro-Magnons. Qu'à l'avenir, les violences entre humains et les exclusions ne seront plus la norme, mais des anomalies. Que, contrairement à ce que beaucoup semblent croire, scotchés qu'ils sont à l'information en continu et ses nouvelles pessimistes, le mouvement est lancé : notre espèce est en marche vers un renouveau marqué par plus d'amour, plus de respect.

Nous sommes des milliers, aujourd'hui, à parler publiquement de l'éveil de la conscience, du rapprochement avec le divin, et de l'arrivée prochaine d'une ère où l'amour ne sera plus l'exception mais la norme. Et nous sommes des millions à contribuer à ce changement, chacun à notre manière. Enseignants engrenagés, agriculteurs respectueux de la terre et des animaux, auteurs de livres sur la spiritualité et le développement personnel, hommes et femmes politiques s'efforçant de nous faire sortir des anciens modèles, activistes défendant les minorités, parents abandonnant peu à peu les vieux schémas punitifs et étouffants, et tant d'autres encore.

Albert me dit : « Les humains ne savent pas qui ils sont. » Il a raison. Les humains ne savent pas qu'ils sont des créatures d'amour. Nous avons perdu de vue que notre nature profonde n'était pas la violence. Or, le grand jeu de la vie est en train de nous amener, progressivement et non sans d'immenses secousses dont nous n'avons sans doute expérimenté que les prémices, vers la fin de cet oubli. Vers une ère où l'humain vivra en harmonie avec lui-même et son environnement.

Je rallume enfin mon téléphone et j'ai un message de Jeanne, qui me dit qu'elle a l'impression de vivre mon processus avec moi, par « vagues d'ondes »... que c'est étrange pour elle car elle n'a jamais rien vécu de semblable auparavant.

Je lui laisse un message en retour. Je lui dis avoir vécu la nuit la plus extraordinaire de ma vie, que j'étais en pleine connexion avec elle, que j'ai été arrosé d'un déluge d'informations et de visions. Bien sûr, pour ne pas lui faire peur, je me garde de lui révéler ce que j'ai vu – à savoir qu'elle était ma femme et qu'on allait faire équipe pour servir ensemble une cause commune. Je me contente de lui dire que pendant la nuit, je l'ai sentie, je l'ai appelée, et à quel point la connexion avec elle m'a paru réelle.

Il doit être 8 heures passées quand j'en finis avec mon téléphone et mon carnet : je suis au-delà de l'épuisement et je vais finalement m'écrouler dans mon lit, où je trouve le sommeil pendant une petite heure. Au réveil je reçois des messages de Jeanne. Elle m'envoie une photo de sa chambre, dans le lieu où elle organise sa retraite : une statue d'un roi et d'une reine grenouille trône sur une des étagères. On y voit tous les deux une synchronicité par rapport au kambo, que j'ai pris quelques heures auparavant. Elle me dit avoir dormi comme un bébé pour la première fois en trois jours, et je ressens à nouveau notre connexion. Tout se passe comme si elle était avec moi dans le processus de la semaine et qu'elle avait senti, inconsciemment, que le gros du travail était passé. Que j'avais enfin trouvé l'apaisement.

Puis elle m'envoie une photo d'une carte qu'elle a tirée dans le jeu de Cartes toltèques que je lui ai offert lors de l'un de ses séjours Silence et qui résume parfaitement ma dernière nuit et les quatre jours passés. Une carte qui dit : « Mon vrai moi est au-delà de tout ce que je sais. » Car ce que j'ai compris, c'est que mon Moi Supérieur a à peine commencé à montrer le bout de son nez. Que je ne suis ni la somme de mes souffrances, ni mon enfant blessé. Et que plus je m'aligne, plus je peux entrer en connexion avec le divin, plus je peux apprendre à donner et recevoir de l'amour.

Dans quelques heures je vais prendre la route qui me ramènera à l'aéroport Tegel, puis chez moi à Paris. Je range ma chambre avec les dernières forces qui me restent, avant d'aller retrouver mon p'tit chaman d'amour, pour une ultime conversation avant de partir. Comme d'habitude lors de ce genre d'échanges, le grand James est là. Il va traduire mes mots en portugais et ceux d'Eduardo en anglais, et il va aussi, comme il le fait si souvent et si bien, apporter sa propre analyse, ses propres conseils. Eduardo insiste, cette fois, sur la nature du travail d'évolution personnelle : sur l'importance de détruire pour reconstruire, de se séparer de ce qui ne nous est pas nécessaire afin d'évoluer. En cela, ses mots font écho à la théorie des différents aspects du moi, que j'avais découverte lors d'une thérapie de groupe en Inde : le Moi Supérieur est toujours présent à l'intérieur de nous, mais la plupart du temps il ne peut s'exprimer car il est étouffé par l'enfant blessé, notre ombre et nos masques. Autrement dit, la lumière est toujours en nous mais elle est masquée par de nombreuses couches – blessures inconscientes, mécanismes de défense, croyances limitantes – qui l'empêchent de briller.

Eduardo, qui adore les images, m'explique que si on veut construire une nouvelle maison, on doit commencer par les fondations. Autrement dit, pour se débarrasser du superflu on n'a d'autre choix que d'aller à la racine de nos limitations, à la source de ce qui a donné naissance aux mécanismes de défense qui nous empêchent de progresser. Quand il me rappelle ensuite que l'on doit se guérir d'abord nous-mêmes car un malade ne peut aider un autre malade, et que la planète a besoin de bons guérisseurs, je ressens une synchronicité avec mon travail de la semaine : la compréhension de l'enfant blessé en moi, qui demande tant d'attention ; cet enfant que je suis en train d'apprendre chaque jour à mieux aimer ; et la possibilité, grâce à cette guérison, d'arriver au niveau suivant du jeu vidéo de mon évolution, et donc d'augmenter ma capacité à aider d'autres que moi à se libérer de l'emprise inconsciente des blessures d'enfance.

Retour

Notre échange terminé, le temps est venu de dire au revoir à tout le monde, de mettre mon gros sac dans le coffre de ma voiture de location, et de prendre la route. Dhalsim a besoin d'être ramené à Berlin et ça me réjouit : je suis heureux non seulement de ne pas avoir à faire la route seul, mais encore d'avoir un moment privilégié avec un sacré engrenagé, qui comprend particulièrement bien le travail de l'ayahuasca. Ce n'est pas seulement un compagnon de voyage que je viens de gagner, moi qui suis si peu confiant au volant, mais un véritable enseignant.

Dhalsim le yogi, Dhalsim le sage, Dhalsim l'extraterrestre. Et Dhalsim mon copilote. Je kiffe.

Je lui raconte ma folle semaine, et ce que j'ai identifié comme mon passage de l'enfance à l'âge adulte. Il me parle de Peter Pan, du fait que c'est un enfant, un garçon, et que ce sont justement ses attributs d'enfant qui lui permettent de triompher de Capitaine Crochet. Ça résonne fort en moi, d'abord parce que l'image vient confirmer la conclusion à laquelle je suis arrivé : que l'enfant en moi doit être embrassé et célébré plutôt que rejeté. Et puis parce que ma mère disait toujours de mon père qu'il était un grand enfant, comme Peter Pan. Mon père qui était né « Armand Lehmann » mais qui détestait son prénom, dont le diminutif anglais était « Army » (« armée ») et qui avait décidé, autour de ses trente ans, de se faire appeler « Peter », justement.

On arrive à l'aéroport de Berlin, je dépose Dhalsim dans un Uber, et là c'est un peu le choc du retour à la Matrix. J'ai vécu sans masque pendant une semaine, j'en avais presque oublié le Covid, mais je suis vite ramené à la réalité : les employés de la sécurité semblent hyper stressés et exaspérés par la situation. Au moment du contrôle des bagages à main, ils nous hurlent carrément dessus afin de nous faire respecter le mètre de sécurité minimal entre chaque personne, et tous les autres petits changements au protocole amenés par la crise. J'ai l'impression d'avoir affaire à des gardes de prison, ça me fait froid dans le dos : le passage du pays des Bisounours engrenagés à la réalité paranoïaque d'un aéroport au temps du corona est pour le moins violent.

J'arrive à Paris, je regagne mon studio à Neuilly-sur-Seine. Et, alors que j'ai à peine pris le temps d'allumer les lumières chez moi, j'appelle ma mère. J'y vais mollo dans ce que je lui raconte, car je n'ai pas envie de lui faire peur avec mes illuminations. Or, je suis agréablement surpris de la sentir à l'écoute. Elle a bu l'ayahuasca à plusieurs reprises, elle connaît le travail, et je sens qu'en lui parlant je la fais reconnecter à l'énergie de la plante.

Je lui parle de mes prises de conscience sur l'enfant triste que j'ai été. Je sens qu'elle résiste, que c'est dur pour elle d'accepter qu'en dépit des efforts immenses qu'elle a faits en tant que mère, et de toutes ses meilleures intentions, j'aie pu ne pas être heureux. Mais, malgré quelques objections, elle reste ouverte à mes paroles. Et puis elle se relâche et commence à me parler de son enfance à elle, de sa propre tristesse. On discute du besoin que l'on a, chacun, de mieux aimer cet enfant qui est en nous, et elle me surprend en me disant qu'elle vient tout juste de recommencer une thérapie, et que son thérapeute lui a justement conseillé de prendre la petite « Nini » sur les genoux, pour l'écouter, lui parler, la réconforter, lui donner de l'amour.

On se retrouve à parler une heure et demie, c'est une des plus belles conversations qu'on ait jamais eues. Moi qui ai souvent eu du mal, ces dernières années, à interagir avec ma mère, du mal à ne pas lui en vouloir pour les erreurs qu'elle avait commises à mon encontre, je me sens soudain débordant d'amour pour elle. L'énergie circule si bien entre nous qu'à la fin de la conversation elle fond en larmes et me remercie pour cet échange qui lui fait tant de bien. Et moi je sens que je n'y suis pas pour grand-chose, que c'est l'énergie de la plante qui l'a touchée à travers moi... Je raccroche, ému. C'était un moment rare et magnifique.

Je fais un tour dans mon appartement, que je redécouvre avec des yeux nouveaux. Je m'arrête en face des six ou sept figurines qui trônent sur le haut de mon frigo : ça fait des années que je collectionne les jouets de mon enfance. Ça a commencé par le tout premier chèque reçu quand j'exerçais le droit, à Wall Street, il y a presque vingt ans – j'ai acheté sur eBay une version rare de mon jouet préféré, le robot Goldorak. Une figurine tout en métal, avec ses divers fulguropoings, et ses deux vaisseaux spatiaux. Et puis, au fil des années, je me suis mis à acquérir des jouets de ces séries et dessins animés que je regardais assidûment quand j'étais petit, la plupart du temps des robots ou des héros en armure : la soucoupe volante de San Ku Kaï, la figurine de Pégase des *Chevaliers du Zodiaque*, une reproduction d'Iron Man. Jusque-là, je ne m'étais pas tellement demandé pourquoi ces jouets étaient encore si importants pour moi, pourquoi j'étais le seul de mes potes qui, à quarante ans passés, s'accrochait encore à ces morceaux de plastique et de fer inspirés principalement de créations japonaises désuètes. Et ce soir, de retour chez moi après être justement allé dans les étoiles me battre contre les forces de l'enfer, j'ai comme un flash : ils ont été mes premiers amis, car je n'en avais pas, enfant.

On est vendredi soir aux alentours de 22 heures, je viens de passer la semaine la plus dingue de ma vie, j'ai dû dormir une petite dizaine d'heures en cinq jours et je suis enfin prêt à retrouver mon lit et commencer à récupérer. Pourtant je ne vais même pas réussir à dormir deux heures pleines. Alors je me pose à mon ordi pour écrire quelques notes sur les jours passés, afin de ne pas oublier. Et là, c'est tout le plan de ce livre qui commence à se manifester. Les mots jaillissent de moi, mes doigts pianotent frénétiquement sur mon clavier. La structure de ce récit m'apparaît comme une évidence, et je sens fort qu'il faut que je sorte le plus de contenu possible avant que les événements de cette semaine, les images que j'ai vues, et les informations que j'ai reçues ne s'estompent de ma mémoire.

Trop plein d'énergie pour trouver le sommeil, et trop épuisé pour envisager mettre le nez dehors, je travaille d'arrache-pied, je suis entre le zombie et le somnambule : j'ai le sentiment bizarre d'être en train de « recevoir » un livre. Un livre qui commence avec Caroline et finit avec Jeanne, qui commence par l'ombre et finit avec la lumière. Quand j'ai écrit *Journal intime d'un touriste du bonheur*, j'avais une sensation semblable de canalisation. J'étais parti en Inde pour finir d'écrire un bouquin entamé des années auparavant, mais, après une retraite de dix jours de méditation, c'était un autre texte qui s'était imposé à moi : j'avais le sentiment de simplement devoir écrire ce qui me traversait, et de là était sorti mon premier livre. Après sa publication, en m'attelant à mon projet initial – qui allait devenir *Les Antisèches du Bonheur* –, j'avais souffert de ne pas retrouver cette sensation : j'avais l'impression d'écrire avec mon ego, je doutais, je n'avais plus la même joie à l'ouvrage.

Mais là, ce que je ressens va au-delà de tout ce que j'ai pu éprouver auparavant. Il n'y a pas de terme adapté pour décrire la source de cette inspiration. Souvent, j'ai l'impression d'être seul face à la vie, c'est-à-dire que mon mental dirige tout, que mon ego est aux manettes. Et puis parfois, grâce à la méditation et à mon travail avec la plante, je me sens en connexion avec une force supérieure. C'est plus que jamais le cas lors de ce week-end post-aya. Je me sens en union avec toute la création et, dans mes tripes, j'éprouve momentanément la vérité de cette idée, si ancrée dans tant d'enseignements, selon laquelle il n'y a qu'une conscience unique, que je suis toi et que tu es moi, que la séparation entre les êtres – l'ego – n'est qu'une illusion. Je ne suis plus une vague, je suis l'océan.

Je ne suis plus une ampoule, je suis l'électricité. Je deviens un outil, privé de libre arbitre, au service de la vie.

Le dimanche soir, je sens que le sommeil va enfin arriver après ces sept jours dont je suis loin d'avoir pleinement démêlé le sens. Alors que j'ai rarement dormi aussi peu, je n'ai jamais autant écrit en à peine quarante-huit heures. Je me demande si je ne suis pas un peu fou avec cette histoire de livre sur l'ombre et sur l'ayahuasca, si de raconter ce que je ressens vraiment, sans me soucier de ce que penseront les gens, n'est pas une sorte de suicide social. Il y a tant de questions qui circulent dans ma petite tête fatiguée.

Mais peu importe. Il y a juste une chose que je sais avec certitude. Mercredi, je dîne avec Jeanne.

REMERCIEMENTS

Pour beaucoup d'auteurs, l'écriture est un sport individuel, souvent solitaire. J'ai la chance qu'elle soit pour moi un sport collectif. Ma plus vive et sincère gratitude à Camille von Rosenschild, ma coéquipière sur ce livre ainsi que les précédents. Grâce à ses encouragements, je retrouve la confiance dans les moments de doute, grâce à son humour, je ris alors même que je commençais à voir rouge, et grâce à ses qualités d'éditrice, mes textes sont revus et améliorés avec détermination, intelligence et justesse. Ce livre n'existerait pas sans toi, ma Camille, j'aime tellement travailler avec toi. Merci la vie que nos chemins se soient croisés.

Je tiens à remercier également :

Toute l'équipe des éditions HarperCollins, et notamment Emmanuelle Bucco-Cancès, Marianne Zankel, Caroline Lamoulie, Pascal Mayot, Camille Brabant, Mélusine Huguet et Alexane Lepoan. Merci pour votre confiance, votre enthousiasme et tout votre incroyable travail. Une mention spéciale pour Mathieu Johann, dont la vision, l'humour et l'engagement apportent tant à mon aventure éditoriale.

Mes proches qui ont relu et commenté le texte dans ses versions préliminaires, et qui m'ont soutenu tout au long de l'écriture : Zelda Lehmann, Nicole Lehmann, Jérémie Benichou, Anthony Haddad, Mikaël Gorostiaga, Dustin Billon, Domitille Camus, Juliane Ciszewski, Marie-Ange Botta, Stéphane Wioland, Mathieu Dos Santos, Lois Lane et Dora Sellier. Je vous adore. Merci d'être là.

Et enfin, Jeanne Dujardin, grâce à qui j'ai enfin compris la chanson des L5 « Toutes les femmes de ta vie »… car t'es vraiment toutes les femmes de ma vie. Tu m'inspires au quotidien, tu m'as tant épaulé dans l'écriture de ce livre, et grâce à toi j'apprends chaque jour à devenir un Jo plus conscient. Je ne peux pas croire comme la vie est merveilleuse depuis que je t'ai rencontrée. Je t'aime si fort.

FSC
www.fsc.org
MIXTE
Papier issu
de sources
responsables
FSC® C120704

Édité par HarperCollins France.
Dépôt légal : mai 2022.
Achevé d'imprimé en Espagne
par Unigraf en avril 2022.

POUR S'ENGRENAGER AVEC

Les Antisèches du Bonheur

L'application de méditation

Envie d'apprendre à pratiquer la méditation sans savoir par où commencer ? Découvre l'application 7Mind × Les Antisèches sur iPhone et Android. Tu y trouveras des méditations organisées par thèmes afin de faire de la pratique une habitude qui change la vie.

7Mind

www.7mind.fr

Le site Internet

Tu y trouveras les diverses initiatives des Antisèches du Bonheur, telles que les conférences et ateliers, ainsi que les kits gratuits de méditations guidées à destination des écoles primaires et des lycées.

www.lesantiseches.com

Instagram et Facebook

@lesantisechesdubonheur

Les séjours Silence

Rejoins-nous, Jeanne et moi, pour des retraites méditatives en silence autour de divers thèmes engrenagés.

www.silenceexperience.com et **@silenceexperience**

BIBLIOGRAPHIE

Jeremy Narby, *Le Serpent cosmique*, Georg, 1997.

Don Miguel Ruiz, *Les Quatre Accords toltèques*, Jouvence, 1999.

Gabor Maté, *In the Realm of Hungry Ghosts*, North Atlantic Books, 2010 (non traduit).

Erich Fromm, *L'Art d'aimer*, Pocket, 2016.

Tara Brach, *La Méthode R.A.I.N.*, Robert Laffont, 2021.

Eckhart Tolle, *Nouvelle Terre*, Ariane éditions, 2005.

Don Richard Riso et Russ Hudson, *La Sagesse de l'ennéagramme*, InterÉditions, 2018.

Thich Nhat Hanh, *Prendre soin de l'enfant intérieur*, Pocket, 2015.

Yuval Noah Harari, *Sapiens*, Albin Michel, 2015.

consciences, est, je crois, le meilleur investissement de temps et d'énergie que l'on puisse faire.

Du fond du cœur merci à toi, cher·ère Dominique, de m'avoir lu jusqu'ici. J'espère que la cardamome ne t'a pas trop dérangé·e et que ce livre t'a parlé. Comme dirait Eduardo : je te souhaite force et lumière sur ton chemin d'évolution personnelle.

Cela étant dit, mon intention n'est aucunement d'encourager qui que ce soit à se lancer dans cette voie, car elle peut nous bousculer fortement.

Si, cher·ère Dominique, tu décides à ton tour d'aller à la rencontre de la plante, il est crucial de le faire non seulement dans un endroit où c'est légal (comme le Pérou ou le Brésil – la prise d'ayahuasca étant interdite en France –), mais encore avec des personnes qui sont habilitées à t'y conduire. Car, dans le chamanisme comme ailleurs, il existe des charlatans et il est primordial de prendre garde à qui l'on donne notre confiance quand on entreprend un voyage aussi profond.

La voie de l'ayahuasca n'est pas pour tout le monde. En revanche, le travail que la plante nous appelle à faire pour accepter l'ombre en nous et chez les autres, et ouvrir nos cœurs, est universel. Ce travail, d'ailleurs, est à l'image de celui que l'on fait avec l'aya : il est parfois difficile et il nous demande régulièrement de faire des sacrifices sans savoir quelle sera notre contrepartie. Autrement dit, il nous appelle à sortir d'un mode « transactionnel », où l'on abandonne quelque chose seulement si l'on peut en tirer une compensation certaine, au profit d'un mode où l'on décide de faire confiance à la magie de la vie. Un mode que l'on peut aussi appeler la foi. Et ce travail, si l'on veut développer notre aptitude au bonheur et notre capacité à aimer, si l'on veut participer à l'évolution des

Cher·ère Dominique, peut-être qu'en lisant ce livre tu t'es senti·e appelé·e par le travail avec l'ayahuasca. Comme tu l'auras compris, il s'agit d'une expérience difficile. Ce n'est pas un hasard si la plante a mauvais goût, si elle nous fait vomir, si elle requiert de nous qu'on abandonne certains de nos plaisirs toxiques préférés, si elle nous emmène parfois en enfer. Ces épreuves sont comme des remparts : elles maintiennent à distance ceux qui prétendraient consommer l'ayahuasca comme on goberait une pilule magique, avec l'illusion qu'elle réglerait tous leurs problèmes ou répondrait à toutes leurs questions.

L'ayahuasca est un chemin : c'est un travail complexe et de longue haleine. Un travail qui nous responsabilise. Qui nous met face à nos manquements et donc notre potentiel d'évolution. Qui nous demande de la force et du courage, et de ne pas craindre l'inconfort, l'incertitude ou la douleur. Mais je crois que si l'on décide d'en relever le défi et de faire confiance à la plante, elle peut bouleverser notre expérience, notre capacité à aimer, et le sens que l'on donne à l'existence.

POUR FINIR